La guía definitiva de ChatGPT:

Manual para principiantes sobre la ingeniería de prompts, el futuro de la Inteligencia Artificial y cómo utilizarla de manera efectiva.

Percival C. Verena

Descargo de responsabilidad: La información y los hallazgos presentados en este libro se basan en el ensayo y error y no están necesariamente respaldados por hechos científicos probados. El propósito de este libro es proporcionar ideas y sugerencias sobre cómo utilizar ChatGPT de forma eficaz, basándonos en nuestras propias experiencias y observaciones. No pretendemos que nuestras sugerencias sean la única forma de utilizar ChatGPT, ni garantizamos que funcionen para todo el mundo. Los resultados obtenidos pueden variar según la persona, sus objetivos y otros factores. Animamos encarecidamente a los lectores a que utilicen ChatGPT por sí mismos para determinar qué funciona mejor para sus objetivos e intereses.

Índice

Introducción

La Inteligencia Artificial (IA) ha avanzado a pasos agigantados desde su creación. Una de las aplicaciones más destacadas de la IA en la actualidad es el campo del procesamiento del lenguaje natural (PLN). Además, el desarrollo de modelos lingüísticos ha revolucionado la forma en que interactuamos con las máquinas. Como resultado, el concepto de "IA conversacional" se ha convertido en una palabra de moda en la industria tecnológica. Pero, ¿qué es exactamente la IA conversacional y cómo funciona?

Aquí es donde entra ChatGPT. ChatGPT es un modelo de IA conversacional desarrollado por OpenAI que puede generar respuestas similares a las humanas a una amplia gama de temas y preguntas. Con su capacidad para comprender y responder a entradas de lenguaje natural, ChatGPT tiene el potencial de transformar la forma en que interactuamos con las máquinas y revolucionar varios sectores, desde la atención al cliente a la creación de contenidos.

Sin embargo, aunque ChatGPT es una herramienta potente, es crucial comprender sus limitaciones y cómo utilizarla eficazmente para sacarle el máximo provecho. Aquí es donde entra en juego el concepto de "ingeniería de prompts". La ingeniería de prompts se refiere al proceso de diseñar y estructurar la conversación con ChatGPT mediante el uso de indicaciones bien elaboradas, denominadas "prompts".

Este libro tiene como objetivo ofrecer una guía completa sobre cómo utilizar ChatGPT con eficacia y la importancia de la ingeniería de prompts, así como proporcionar información sobre cómo podemos utilizar ChatGPT en diversos sectores para lograr una eficacia extrema en beneficio de todos. Cubriremos todos los aspectos, desde la comprensión de los fundamentos de ChatGPT y sus capacidades, hasta la preparación para una conversación con ChatGPT, la elaboración de prompts eficaces y el uso de ChatGPT para aplicaciones prácticas. A lo largo del libro, también exploraremos las limitaciones de ChatGPT y cómo superarlas, así como las mejores prácticas para la ingeniería de prompts y las conversaciones con ChatGPT.

Este libro está destinado a introducir a los principiantes en el mundo de ChatGPT y mostrar cuán poderosa puede ser la IA. Tanto si eres un entusiasta de la tecnología, un profesional en los negocios o un estudiante, este libro te proporcionará valiosos conocimientos y consejos prácticos para ayudarte a sacar el máximo partido de ChatGPT. Nuestro objetivo es que este libro sea informativo, entretenido y fácil de entender, proporcionando ejemplos concretos para ayudar a ilustrar los conceptos clave.

Tanto si estás buscando mejorar tus habilidades en IA como si sientes curiosidad por el potencial de la IA conversacional, este libro es para ti. Así que, ¡prepárate para conocer el apasionante mundo de ChatGPT!

Capítulo 1

Introducción a ChatGPT: Un sistema avanzado de IA conversacional

El desarrollo de la inteligencia artificial ha sido un campo en rápida evolución, y el procesamiento del lenguaje natural está a la vanguardia de este crecimiento. Los chatbots y los sistemas de IA conversacional se han hecho cada vez más populares y generalizados, y ChatGPT es una de las últimas y más avanzadas ofertas en este ámbito. En este capítulo, examinaremos más de cerca ChatGPT, su historia y sus capacidades, para comprender mejor lo que es y lo que puede hacer.

El modelo lingüístico GPT y su historia

El modelo de lenguaje GPT se ha convertido en una de las herramientas más potentes para el procesamiento del lenguaje natural, capaz de generar textos altamente legibles y similares a los humanos. La historia de GPT comienza con la arquitectura de transformadores (o transformers, en inglés), que fue introducida por primera vez en 2017 por Vaswani y otros. Antes de los transformadores, los modelos más utilizados para el procesamiento del lenguaje natural se basaban en redes neuronales recurrentes (RNN) y redes neuronales convolucionales (CNN). Sin embargo, estos modelos presentaban ciertas limitaciones, como la dificultad para retener las interdependencias a largo plazo en el texto.

La arquitectura de transformadores fue diseñada para superar estas limitaciones basándose en un novedoso mecanismo de autoatención que permite al modelo captar las dependencias de largo alcance con mayor eficacia. Este mecanismo permite al modelo centrarse en las partes esenciales del texto de entrada e ignorar las partes menos relevantes. La arquitectura de transformadores ganó popularidad rápidamente en la comunidad de proceso del lenguaje natural y se convirtió en la base de muchos modelos lingüísticos de vanguardia.

El modelo lingüístico GPT se basa en la arquitectura de transformadores, pero con algunas modificaciones adicionales para hacerlo más adecuado para generar texto. En concreto, el modelo GPT se entrena de forma no supervisada en cantidades masivas de datos de texto para aprender los patrones y las relaciones entre palabras, frases y párrafos. Este entrenamiento permite al modelo generar nuevos textos altamente coherentes y consistentes con la entrada (input) que se le proporciona.

La primera versión de GPT se publicó en 2018, y rápidamente llamó la atención de la comunidad de investigadores por su impresionante rendimiento en diversas tareas de procesamiento del lenguaje natural. Desde entonces, se han publicado varias versiones nuevas de GPT, cada una de las cuales mejorando el rendimiento de la anterior.

El modelo lingüístico GPT se ha utilizado para diversas aplicaciones, incluyendo la traducción de idiomas, resúmenes y chatbots, entre otras. También se ha utilizado en investigaciones para generar texto realista para múltiples aplicaciones, como la escritura de cuentos y poesía. La capacidad del modelo GPT para generar texto similar al humano ha despertado tanto entusiasmo como preocupación en el público, ya que algunos temen que pueda utilizarse para generar noticias falsas u otros contenidos malintencionados.

Sin embargo, los desarrolladores del modelo de lenguaje GPT y la comunidad de IA en general han estado trabajando para garantizar que la tecnología se utilice de forma ética y responsable. Por ejemplo, OpenAI ha desarrollado una API (interfaz de programación de aplicaciones) para GPT que permite a los desarrolladores utilizar el modelo para diversas aplicaciones, mientras proporciona salvaguardias para evitar su uso indebido.

ChatGPT y sus capacidades

ChatGPT es un sistema de IA conversacional basado en el modelo de lenguaje GPT. Ha sido entrenado para generar respuestas similares a las humanas a diversas preguntas y prompts. Esto lo convierte en una herramienta ideal para diferentes casos de uso, incluyendo la atención al cliente, la traducción de idiomas, la generación de contenidos, entre otros.

ChatGPT puede entender y responder a entradas de lenguaje natural, por lo que es mucho más fácil interactuar con él en comparación con los chatbots tradicionales, que requieren que los usuarios sigan guiones o patrones de entrada específicos. Además, ChatGPT puede generar respuestas similares a las humanas, lo que permite conversaciones más naturales y atractivas.

Limitaciones y desafíos del uso de ChatGPT

Si bien ChatGPT es una herramienta potente, tiene sus limitaciones. Una de las limitaciones más significativas del modelo es que es tan bueno como los datos con los que fue entrenado. Si los datos de entrenamiento contienen sesgos o imprecisiones, es probable que el modelo los refleje en sus respuestas. Además, el modelo es imperfecto y a veces puede generar respuestas sin sentido o inapropiadas.

Otro desafío de utilizar ChatGPT es que requiere importantes recursos informáticos, lo que podría hacerlo poco factible para algunos usuarios. Además, el modelo a veces podría tener problemas con tareas o temas complejos, requiriendo supervisión humana para garantizar la calidad de sus respuestas.

Además de las limitaciones mencionadas, deben tenerse en cuenta consideraciones éticas al utilizar ChatGPT. Una de estas consideraciones es la posibilidad de que el modelo se utilice con fines maliciosos, como generar noticias o propaganda falsas. Otra preocupación es la posibilidad de que ChatGPT suplante la identidad de personas o difunda desinformación. Para hacer frente a estos desafíos, es esencial garantizar que ChatGPT se utilice de forma responsable y ética. Esto incluye supervisar y actualizar periódicamente los datos de entrenamiento para evitar sesgos e inexactitudes, implementar salvaguardias para evitar usos malintencionados y proporcionar supervisión humana para garantizar la calidad de las respuestas. A pesar de estas limitaciones y desafíos, ChatGPT y otras formas de IA tienen el potencial de beneficiar enormemente a la sociedad. Al reconocer y abordar estos desafíos, podemos trabajar para crear un futuro en el que la IA se utilice de forma responsable y en beneficio de todos.

ChatGPT vs Chatbots tradicionales

ChatGPT se diferencia de los chatbots tradicionales en varios aspectos clave. Los chatbots tradicionales suelen utilizar sistemas basados en reglas o árboles de decisiones para generar respuestas. Estos sistemas están limitados por el número de reglas o rutas que pueden seguir y tienen dificultades con las conversaciones más complejas. Por el contrario, ChatGPT se basa en un modelo de aprendizaje automático entrenado con grandes volúmenes de datos de texto. Esto le permite generar respuestas más naturales y flexibles, por lo que es adecuado para una gama más amplia de casos de uso.

Los chatbots tradicionales suelen exigir a los usuarios que sigan guiones o patrones de entrada específicos, lo que limita el abanico de posibles conversaciones. ChatGPT, en cambio, puede interpretar una mayor variedad de entradas y generar respuestas adecuadas basadas en el contexto de la conversación. Esto lo hace más amigable para el usuario, mejorando su experiencia general.

Otra ventaja de ChatGPT sobre los chatbots tradicionales es su capacidad para aprender y adaptarse con el tiempo. Los chatbots tradicionales suelen requerir actualizaciones y modificaciones manuales de sus sistemas basados en reglas, lo que puede requerir mucho tiempo y trabajo. En cambio, ChatGPT puede ser entrenado continuamente con nuevos datos, lo que le permite mejorar sus respuestas y adaptarse a los cambios de comportamiento o preferencias del usuario.

Esto lo convierte en una solución más ágil y eficaz para las empresas y organizaciones que buscan un servicio de atención o soporte al cliente de alta calidad.

En general, aunque los chatbots tradicionales tienen su lugar en determinados casos de uso, ChatGPT representa una mejora significativamente en la tecnología de IA conversacional. Su flexibilidad, capacidad de procesamiento del lenguaje natural y habilidad para aprender y adaptarse lo convierten en una herramienta poderosa para muchas aplicaciones, desde la atención al cliente y el soporte, hasta la generación de contenidos y la traducción de idiomas.

El procesamiento del lenguaje natural y la IA conversacional son campos en rápida evolución, y ChatGPT es una de las ofertas más recientes y avanzadas. El modelo de lenguaje GPT, en el que se basa ChatGPT, se ha convertido en una potente herramienta para el procesamiento del lenguaje natural y ha sido utilizado para diversas aplicaciones. ChatGPT es una herramienta ideal para diferentes casos de uso, incluyendo la atención al cliente, la traducción de idiomas, la generación de contenidos, entre otros.

Capítulo 2

Guía completa para prepararte para una conversación con ChatGPT

Los chatbots forman parte de nuestro panorama digital desde hace varias décadas. Sin embargo, con la llegada del modelo de lenguaje GPT de OpenAI, las capacidades de estos chatbots han evolucionado significativamente. El modelo de lenguaje GPT es un modelo de lenguaje impulsado por inteligencia artificial capaz de comprender el lenguaje natural y generar respuestas similares a las humanas. Como resultado, ChatGPT, el chatbot impulsado por este modelo de lenguaje, se ha convertido en una valiosa herramienta para una amplia gama de aplicaciones, desde la atención al cliente hasta la creación de contenidos.

Sin embargo, el éxito de una conversación con ChatGPT depende de lo bien que se prepare. La preparación para las conversaciones con ChatGPT se conoce como ingeniería de prompts. Esta práctica consiste en diseñar y elaborar prompts, o indicaciones, para guiar la conversación hacia el resultado deseado. En este capítulo, profundizaremos en la importancia de la ingeniería de prompts y proporcionaremos una guía completa para prepararte para las conversaciones con ChatGPT.

La importancia de comprender el contexto de la conversación

Comprender el contexto de la conversación es crucial porque permite adaptarla a las necesidades específicas de tu audiencia y al propósito de la conversación. Por ejemplo, en el caso del servicio de atención al cliente, la conversación debe centrarse en abordar las necesidades del cliente y ofrecerle respuestas claras y concisas que puedan ayudarle a resolver su problema. Por lo tanto, el prompt debe diseñarse para obtener la información necesaria del cliente, como su problema o pregunta, y guiar al chatbot para que proporcione soluciones pertinentes y útiles.

Del mismo modo, cuando la conversación es entre un chatbot y un modelo de lenguaje diseñado para generar contenido creativo, el prompt debe diseñarse para animar al chatbot a generar contenido único y atractivo. Esto requiere comprender el tipo de contenido que se espera y las preferencias del público objetivo. El prompt debe diseñarse para provocar respuestas imaginativas y creativas, adaptadas a las necesidades específicas de la audiencia.

Además, comprender el entorno en el que se desarrollará la conversación es esencial porque puede influir en el tono y el estilo de la discusión. Por ejemplo, una conversación en un entorno formal puede requerir un tono y una estructura más formales, mientras que una conversación en un entorno descontracturado puede ser más relajada e informal. Por lo tanto, es esencial tener en cuenta el contexto de la conversación al diseñar el prompt, para asegurarse de que sea apropiado para el entorno y la audiencia.

El papel de la ingeniería de prompts en la configuración de la conversación

La ingeniería de prompts es un aspecto fundamental para garantizar que la conversación con ChatGPT sea eficaz y alcance los resultados deseados. Un prompt bien elaborado debe ser claro, conciso y relevante para el contexto de la conversación, ya que esto animará a ChatGPT a generar respuestas que se ajusten a las metas y objetivos de la conversación. Al diseñar los prompts, es esencial tener en cuenta el contexto específico de la conversación, incluyendo su propósito y la audiencia a la que va dirigida.

Por ejemplo, si la conversación tiene por objeto prestar un servicio de atención al cliente, las indicaciones deben diseñarse para animar a ChatGPT a dar respuestas claras y concisas a las preguntas de los clientes. Esto ayudará a garantizar que se satisfagan las necesidades del cliente y que la conversación siga enfocada en proporcionar la asistencia necesaria. Por otro lado, si la conversación pretende generar contenido creativo, los prompts deben diseñarse para animar a ChatGPT a generar contenido único y atractivo. Esto ayudará a garantizar que la conversación siga siendo creativa e inspiradora.

En general, la ingeniería de prompts es crucial para dar forma a la conversación y guiarla hacia el resultado deseado. Al elaborar prompts claros y relevantes que se ajusten al contexto y a los objetivos de la conversación, puedes ayudar a garantizar que ChatGPT genere respuestas significativas, relevantes y eficaces.

Factores clave para tener en cuenta al preparar una conversación con ChatGPT

Al preparar una conversación con ChatGPT, hay varios factores clave que deben considerarse. Entre ellos están la duración de la conversación, el tipo de conversación y la complejidad de la misma.

La duración de la conversación determinará el número de prompts requeridos y el nivel de detalle necesario en cada prompt. Por ejemplo, una conversación breve puede requerir un solo prompt, mientras que una conversación más larga puede requerir varios prompts para guiar la conversación.

El tipo de conversación determinará el tono y el lenguaje de los prompts. Por ejemplo, una conversación de atención al cliente puede requerir un tono amable y servicial, mientras que una conversación de generación de contenidos puede exigir un tono más creativo e imaginativo.

La complejidad de la conversación determinará el nivel de detalle requerido en cada prompt. Por ejemplo, una conversación de atención al cliente puede requerir respuestas claras y concisas, mientras que una conversación de generación de contenidos puede exigir respuestas más imaginativas y creativas.

Otro factor clave que hay que tener en cuenta al preparar una conversación con ChatGPT es la estructura de la conversación. Una conversación bien estructurada puede ayudar a garantizar que la conversación se mantenga centrada en los resultados deseados y que ChatGPT pueda generar respuestas significativas y relevantes. La estructura de la conversación puede incluir el uso de indicaciones, preguntas y respuestas, así como el flujo general.

Además, es esencial comprender el contexto de la conversación, incluyendo el objetivo de la misma, la audiencia a la que va dirigida y el entorno en el que tendrá lugar. Esta información te ayudará a diseñar prompts adaptados a las necesidades específicas de la conversación y de la audiencia.

Por último, es esencial estar preparado para adaptar la conversación según sea necesario. Si bien la ingeniería de prompts puede ayudar a dar forma a la conversación y guiarla hacia los resultados deseados, puede haber momentos en que la conversación tome giros inesperados. Es esencial estar preparado para adaptar y ajustar la conversación según sea necesario para mantener el enfoque en los resultados deseados. Teniendo en cuenta estos factores clave, puedes contribuir a que tu conversación con ChatGPT sea productiva, atractiva y eficaz.

Definir metas y objetivos claros para la conversación

Antes de iniciar una conversación con ChatGPT, es esencial definir metas y objetivos claros. Este paso es crucial para maximizar las capacidades del modelo de lenguaje.

Además, al preparar una conversación con ChatGPT, es esencial tener en cuenta el lenguaje y la terminología que se utilizarán. ChatGPT ha sido entrenado en una amplia gama de lenguaje y terminología, pero es necesario comprender sus puntos fuertes y sus limitaciones para comunicarse con el modelo de forma eficaz. Esto incluye ser consciente del lenguaje utilizado en el prompt y asegurarse de que es claro, conciso y relevante para el contexto de la conversación.

También es esencial tener en cuenta el tono de la conversación. El tono debe ser adecuado al contexto y a la audiencia, y coherente a lo largo de toda la conversación. Por ejemplo, se recomienda un tono amigable y servicial si la conversación tiene fines de atención al cliente. En cambio, si la conversación es para crear contenidos, puede ser más apropiado un tono más creativo e imaginativo.

Un aspecto clave al estructurar una conversación con ChatGPT es el uso de indicaciones, preguntas y respuestas. Si proporcionas prompts claros y haces preguntas concretas, puedes ayudar a dirigir la conversación hacia los resultados deseados y asegurarte de que ChatGPT entienda la dirección de la conversación. Además, al ofrecer respuestas meditadas y detalladas, puedes ayudar a proporcionar a ChatGPT la información que necesita para generar ideas relevantes y valiosas.

Otro elemento esencial de la estructuración de una conversación con ChatGPT es el flujo general de la discusión. Es esencial tener en cuenta la secuencia lógica de los temas, asegurándose de que cada punto se base en el anterior y conduzca a la conclusión deseada. Además, es esencial ser consciente del ritmo de la conversación, dejando tiempo suficiente para que ChatGPT genere respuestas y manteniendo al mismo tiempo la conversación avanzando a un ritmo apropiado.

Debes estar preparado para adaptar la conversación según sea necesario. Si bien el proceso inmediato de la ingeniería de prompts puede ayudar a dar forma a la conversación y guiarla hacia los resultados deseados, puede haber momentos en que la conversación tome giros inesperados. Es esencial estar preparado para adaptar y ajustar la conversación según sea necesario para mantener el enfoque en los resultados deseados. Adaptar la conversación significa ser flexible y receptivo a la dirección que tome la conversación. Incluso con una planificación cuidadosa y una buena ingeniería de prompts, siempre existe la posibilidad de que la conversación no transcurra exactamente como se había planeado.

Esto también puede implicar cambiar la redacción o el tono de los prompts o indicaciones utilizadas, o introducir nuevas preguntas o estímulos para reconducir la conversación hacia el tema deseado. Asimismo, puede implicar cambiar la estructura general o el flujo de la discusión en respuesta a resultados inesperados. También requiere una buena comprensión de los objetivos y resultados de la conversación. Estar preparado para adaptar la conversación te ayudará a sacar el máximo partido de tus interacciones con ChatGPT, incluso en situaciones en las que la conversación tome giros inesperados.

Para concluir, prepararse para una conversación con ChatGPT es un paso fundamental para maximizar la eficacia del modelo lingüístico y conseguir los resultados deseados de la conversación. Comprender el contexto de la conversación, el papel de la ingeniería de prompts y los factores clave que deben tenerse en cuenta al preparar una conversación con ChatGPT puede ayudar a garantizar que la conversación sea eficaz y productiva. Al considerar cuidadosamente la audiencia, el lenguaje y la terminología utilizados, el tono, la estructura y la capacidad de adaptación según sea necesario, puedes asegurarte de que la conversación con ChatGPT sea exitosa y cumpla con tus metas y objetivos.

CAPÍTULO 3

Cómo elaborar prompts efectivos para ChatGPT: Guía para conversaciones eficaces

Bienvenidos al tercer capítulo de nuestra completa guía sobre el uso de ChatGPT. En este capítulo, nos adentraremos en el arte de elaborar los prompts perfectos para ChatGPT, que es lo que realmente lo diferencia de otros modelos de lenguaje de IA. Como has aprendido en los capítulos anteriores, un buen prompt puede mejorar tu conversación y hacer que ChatGPT actúe como un comediante experimentado, mientras que uno mal elaborado puede provocar un silencio incómodo o un descarrilamiento de la conversación.

La claridad y la concisión son clave

La primera regla, y la más importante, a la hora de crear prompts eficaces para ChatGPT es que sean claros y concisos. Cuanta más información proporciones en el prompt, más fácil le resultará a ChatGPT entender lo que buscas y responder en consecuencia. Tu prompt debe actuar como una hoja de ruta para la conversación, y cuanto más clara sea la hoja de ruta, más fácil le resultará a ChatGPT seguirla y dar una respuesta satisfactoria. Por ejemplo, en lugar de hacer una pregunta general como "¿Qué sabes sobre los dinosaurios?", prueba con una más específica como "¿Cuáles son las características de un Velociraptor?".

Otra ventaja de utilizar prompts claros y concisos es que pueden ayudar a evitar malentendidos o respuestas irrelevantes de ChatGPT. Si el prompt es demasiado vago o amplio, ChatGPT podría generar una respuesta que no sea relevante para la conversación prevista o incluso podría proporcionar información incorrecta. En cambio, un prompt específico y centrado ayuda a guiar a ChatGPT hacia el resultado deseado y aumenta la probabilidad de generar una respuesta útil y precisa.

Además, el uso de prompts claros y concisos también puede ayudar a mejorar la eficacia general de la conversación. Si el prompt es demasiado largo o complejo, podría resultar difícil para ChatGPT comprender el significado deseado y responder con prontitud. En cambio, un prompt breve y concreto puede ser comprendido fácilmente por ChatGPT, lo que permite una conversación más rápida y eficiente.

El tono lo es todo

El segundo componente importante de un buen prompt es el tono. Al igual que en las conversaciones humanas, el tono de tu prompt marca el tono de toda la conversación. Si quieres una conversación desenfadada y juguetona, utiliza un tono juguetón e informal en tu prompt. Un tono más formal es apropiado si buscas información más seria. Por ejemplo, si quieres conocer los últimos avances en la exploración espacial, es probable que una pregunta lúdica como "¿Qué hay de nuevo en el mundo de los cowboys espaciales?" dé lugar a una respuesta desenfadada, mientras que una pregunta más formal como "Por favor, proporcióname información detallada sobre los últimos avances en la exploración espacial" dará lugar a una respuesta más seria e informativa.

Además de estos ejemplos, hay muchos otros factores que debes tener en cuenta a la hora de seleccionar el tono adecuado para tus prompts. Por ejemplo, el tipo de audiencia al que te estés dirigiendo desempeñará un papel importante a la hora de determinar el tono. Un tono más informal puede ser apropiado cuando te dirijas a un público más joven, mientras que un tono más profesional puede ser necesario cuando te dirijas a un público más maduro o a un cliente corporativo.

Además, el contexto de la conversación es otro factor importante a tener en cuenta a la hora de determinar el tono. Un prompt diseñado para una conversación de atención al cliente puede requerir un tono amable y cercano, mientras que un prompt diseñado para una consulta jurídica puede requerir un tono más formal y autoritario.

También es importante ser consciente de los posibles sesgos o estereotipos que puedan transmitirse a través del tono de tus prompts. Por ejemplo, utilizar un tono condescendiente o paternalista al dirigirse a un público femenino puede percibirse como sexista o discriminatorio.

En última instancia, el tono de tu prompt debe estar en consonancia con las metas y objetivos de la conversación, así como con las preferencias y expectativas de tu público objetivo. Seleccionando cuidadosamente el tono adecuado, puedes crear una conversación más atractiva y eficaz con ChatGPT.

El lenguaje importa

El lenguaje que utilices en tu prompt también influye significativamente en la respuesta que recibas de ChatGPT. ChatGPT puede tener problemas para entender lo que le preguntas si utilizas un lenguaje demasiado técnico o complejo. Por otra parte, si utilizas jerga o un lenguaje demasiado informal, puede que no obtengas el nivel de detalle que buscas. Lo mejor es buscar un equilibrio entre ser claro y conciso y ser apropiado para el tono que intentas establecer. Por ejemplo, si preguntas acerca del clima, una pregunta como "Oye, ¿qué tal estará el clima de hoy?" puede dar lugar a una respuesta más informal, mientras que una pregunta como "¿Cuál es la previsión meteorológica actual?" dará lugar a una respuesta más formal.

Utilizar un lenguaje apropiado en tu prompt es esencial para garantizar que ChatGPT entienda tu mensaje y responda adecuadamente. El lenguaje que utilices debe coincidir con el contexto y el tono de la conversación. Por ejemplo, utilizar un lenguaje coloquial puede ser apropiado si estás manteniendo una conversación informal. Sin embargo, si estás hablando de un tema técnico, puede ser necesario utilizar un lenguaje formal para garantizar que ChatGPT pueda entender y responder con precisión a tu mensaje.

Además, es importante tener en cuenta las diferencias culturales y lingüísticas. ChatGPT puede haber sido entrenado en una amplia gama de idiomas y dialectos, pero es esencial asegurarse de que el lenguaje utilizado en el prompt sea apropiado para el público objetivo. Por ejemplo, un prompt escrito en español podría no traducirse correctamente a otro idioma, y ChatGPT podría no entender del todo ciertos matices culturales.

Por lo tanto, al elaborar tu prompt, es importante tener en cuenta el público al que va dirigido y adaptar el lenguaje utilizado para garantizar que el ChatGPT pueda responder satisfactoriamente.

Guiar la conversación a través de prompts

Ahora que entiendes la importancia de la claridad, el tono y el lenguaje en la elaboración de prompts eficaces, es hora de poner en práctica esos conocimientos. El objetivo último de un buen prompt es guiar la conversación en la dirección deseada. Una de las formas más eficaces de hacerlo es formular preguntas abiertas que permitan al ChatGPT llevar la conversación en varias direcciones. Por ejemplo, si sientes curiosidad por un tema concreto, puedes hacer una pregunta como "¿Qué opinas sobre [tema]?". Esto da a ChatGPT la flexibilidad de explorar el tema en profundidad o proporcionar un enfoque humorístico del mismo.

Además, también puedes guiar la conversación utilizando prompts que desafíen a ChatGPT a proporcionar una perspectiva específica. Por ejemplo, si te interesa conocer acerca de la historia de un acontecimiento concreto, puedes preguntar: "¿Qué habría pasado si [acontecimiento] nunca hubiese ocurrido?". Esta pregunta reta a ChatGPT a considerar realidades alternativas y a proporcionar una perspectiva única.

Otra forma eficaz de guiar la conversación es utilizar preguntas de seguimiento. Haciendo preguntas relacionadas con la respuesta dada por ChatGPT, puedes mantener el flujo de la conversación y dirigirla en una dirección específica. Por ejemplo, si le preguntas a ChatGPT sobre los últimos avances en exploración espacial y recibes una respuesta sobre una reciente misión a Marte, podrías seguir con una pregunta como "¿Cuál fue el principal objetivo de la misión a Marte?".

También es importante recordar que ChatGPT puede entender el contexto y basarse en respuestas anteriores. Si utilizas preguntas relacionadas con temas anteriores, puedes crear una conversación que fluya de forma natural y sin problemas. Por ejemplo, si inicias una conversación sobre una película concreta y luego haces una pregunta de seguimiento sobre el director, ChatGPT podrá entender el contexto y dar una respuesta sobre el director de la película.

Como puedes ver, elaborar el prompt perfecto para ChatGPT es una combinación de arte y ciencia. Al prestar atención a la claridad, el tono y el lenguaje de tus prompts, puedes crear una hoja de ruta conversacional que ayude a guiar a ChatGPT en la dirección deseada. Y al hacer preguntas abiertas y continuar con otras relacionadas, puedes mantener el flujo de la conversación y desarrollar temas tratados anteriormente.

CAPÍTULO 4

Comprender las limitaciones y desafíos de ChatGPT y la importancia de la intervención humana

El desarrollo de modelos de lenguaje avanzados como ChatGPT ha revolucionado el campo del procesamiento del lenguaje natural, permitiendo a las computadoras generar respuestas similares a las humanas a una amplia gama de prompts. Sin embargo, a pesar de sus impresionantes capacidades, es importante comprender las limitaciones y los desafíos asociados al uso de ChatGPT, así como la importancia de la supervisión y la intervención humana al utilizar el modelo.

Una visión general de las limitaciones del ChatGPT

ChatGPT ha sido entrenado con un gran corpus de datos de texto, pero como cualquier modelo de IA, está limitado por la información a la que ha estado expuesto. ChatGPT puede no tener acceso a la información más actual, y sus respuestas podrían estar limitadas por los datos con los que ha sido entrenado. Por ejemplo, si ChatGPT fue entrenado con datos de 2018, puede que no tenga información sobre acontecimientos o sucesos que hayan ocurrido desde entonces.

Además, ChatGPT puede tener dificultades con tareas que requieran una comprensión profunda del contexto o razonamiento abstracto. Por ejemplo, podría tener dificultades para responder a preguntas que requieran conocimientos de sentido común, como "¿Cuál es la capital de los Estados Unidos?" o "¿Cuál es el tipo de árbol más común en un bosque?". Estas limitaciones ponen de manifiesto la necesidad de tener cuidado al utilizar ChatGPT para determinadas tareas, sobre todo las que requieren una comprensión profunda del lenguaje y del contexto.

Los retos de utilizar ChatGPT para tareas complejas

A pesar de sus limitaciones, ChatGPT puede ser una herramienta potente para diversas aplicaciones, pero puede enfrentar dificultades con tareas más complejas que requieran una comprensión más profunda del lenguaje y del contexto. Por ejemplo, ChatGPT puede tener dificultades con tareas que requieran un alto nivel de detalle o precisión, como escribir un artículo científico detallado o redactar un documento jurídico. Esto puede deberse a la complejidad del lenguaje utilizado en este tipo de tareas, así como a la necesidad de una comprensión profunda de la materia.

Además, ChatGPT puede tener dificultades para comprender y generar respuestas a preguntas que requieran un contexto cultural o social. Por ejemplo, una pregunta como "¿Cuál sería la mejor manera de abordar a un compañero de trabajo sobre un asunto delicado?" puede dar lugar a una respuesta insensible o inadecuada debido a la falta de comprensión de las normas culturales y las expectativas sociales. Esto pone de relieve la importancia de tener en cuenta el contexto cultural y social al utilizar ChatGPT para determinadas tareas.

La importancia de la supervisión y la intervención humana

Dadas las limitaciones y los desafíos que plantea el uso de ChatGPT, es importante contar con supervisión e intervención humana al utilizar el modelo. Esto puede ayudar a garantizar que las respuestas generadas por ChatGPT sean precisas, adecuadas y se ajusten al caso de uso previsto.

Una forma de conseguirlo es utilizar un enfoque colaborativo, en el que un humano participe en el proceso de toma de decisiones para cada respuesta generada por ChatGPT. Esto puede ayudar a abordar cualquier posible sesgo o imprecisión en las respuestas generadas por el modelo y garantizar que el resultado final sea de alta calidad.

Por ejemplo, en un chatbot de atención al cliente impulsado por ChatGPT, un operador humano puede revisar las respuestas generadas por el modelo y hacer los ajustes necesarios antes de enviarlas al cliente. Esto puede ayudar a garantizar que las respuestas estén centradas en el cliente y alineadas con la experiencia general del mismo, además de abordar cualquier sensibilidad cultural o social que pueda surgir en la conversación.

El rol de los enfoques "Human-in-the-Loop" para garantizar la calidad

Los enfoques "human-in-the-loop", es decir, la supervisión e intervención humana en las conversaciones con la IA, desempeñan un papel crucial a la hora de garantizar la calidad y precisión de las respuestas generadas por ChatGPT. Estos enfoques ayudan a abordar las limitaciones y desafíos del modelo y garantizan que la salida final esté alineada con el caso de uso previsto. Aunque ChatGPT puede generar respuestas similares a las humanas, está limitado por los datos con los que ha sido entrenado y puede tener dificultades con tareas complejas que requieran una comprensión profunda del contexto y un razonamiento abstracto.

Para abordar estas limitaciones, es esencial la supervisión e intervención humana en el proceso de toma de decisiones de cada respuesta generada por ChatGPT. Esto ayuda a mitigar cualquier sesgo o imprecisión en las respuestas, y garantiza que el resultado final se ajuste al caso de uso previsto.

Además, los enfoques "human-in-the-loop" pueden ayudar a mejorar la calidad de las respuestas generadas por ChatGPT. Por ejemplo, en un chatbot de atención al cliente impulsado por ChatGPT, un operador humano puede revisar las respuestas generadas por el modelo y hacer los ajustes necesarios para asegurarse de que estén enfocadas en el cliente y alineadas con la experiencia general del mismo.

A medida que ChatGPT sigue desarrollándose y desplegándose en diversas aplicaciones, es esencial tener en cuenta las limitaciones y los desafíos del modelo y el papel que desempeñan la supervisión y la intervención humanas para garantizar la calidad de sus respuestas.

Una forma de seguir abordando las limitaciones y los retos de ChatGPT es mediante el entrenamiento y el perfeccionamiento continuos del modelo. Esto puede implicar exponer el modelo a datos adicionales y afinar sus parámetros para mejorar su rendimiento en tareas específicas. Sin embargo, es esencial reconocer que, incluso con el entrenamiento y el perfeccionamiento continuos, ChatGPT puede seguir teniendo dificultades con ciertas tareas que requieran una comprensión profunda del contexto y un razonamiento abstracto.

Otra forma de abordar las limitaciones y desafíos de ChatGPT es mediante modelos de IA complementarios. Por ejemplo, un chatbot de atención al cliente impulsado por ChatGPT podría integrarse también con un modelo de análisis de sentimientos para ayudar a garantizar que las respuestas generadas sean adecuadas y estén alineadas con la experiencia general del cliente.

Aunque ChatGPT es una potente herramienta para generar respuestas similares a las humanas, es importante comprender sus limitaciones y desafíos, así como el rol que desempeñan la supervisión y la intervención humana para garantizar la calidad de sus respuestas. El entrenamiento y perfeccionamiento continuos del modelo, así como el uso de modelos de IA complementarios, pueden ayudar a abordar sus limitaciones y mejorar su rendimiento.

CAPÍTULO 5

Mejorar la conversación con ChatGPT

ChatGPT puede generar respuestas de alta calidad a los prompts de los usuarios, pero es posible utilizar varias técnicas para mejorar aún más la conversación y mejorar la calidad de sus respuestas. Exploremos los diversos métodos para mejorar la conversación con ChatGPT, brindándote algunos ejemplos y detalles sobre cómo aplicar dichas técnicas para obtener los mejores resultados.

Prompts conscientes del contexto

El prompt utilizado para iniciar una conversación con ChatGPT desempeña un papel crucial a la hora de dar forma a la dirección de la conversación y determinar la calidad de las respuestas generadas por el chatbot. Un prompt bien elaborado puede proporcionar a ChatGPT información contextual importante y ayudarle a generar respuestas más personalizadas y relevantes.

Los prompts conscientes del contexto incluyen información adicional sobre el usuario o el contexto de la conversación. Por ejemplo, un prompt que incluya la ubicación, los intereses o las interacciones previas del usuario con el chatbot puede proporcionar a ChatGPT un contexto adicional que puede utilizarse para generar respuestas más personalizadas y relevantes.

Por ejemplo, si un usuario está hablando con un chatbot meteorológico impulsado por ChatGPT, el prompt podría incluir la ubicación del usuario para que el chatbot le proporcione información meteorológica precisa. En este caso, el prompt consciente del contexto puede ayudar al chatbot a generar una respuesta adaptada a la ubicación del usuario, como "La temperatura actual en Los Ángeles es de 72°F".

Otro ejemplo de pregunta contextual podría tener en cuenta las interacciones previas del usuario con el chatbot. Por ejemplo, si el usuario ha preguntado antes al chatbot meteorológico sobre la previsión del clima para el día siguiente, un prompt consciente del contexto podría ser: "¿Cuál es la previsión meteorológica para mañana en Los Ángeles?". Este prompt tiene en cuenta la interacción previa del usuario y proporciona un contexto adicional, que puede ayudar al chatbot a generar una respuesta más personalizada y relevante. Los prompts conscientes del contexto también pueden utilizarse para guiar la conversación en una dirección concreta. Por ejemplo, si el usuario está interesado en un tema concreto, se podría elaborar un prompt consciente del contexto para dirigir la conversación hacia ese tema. Esto puede conseguirse incluyendo palabras clave o frases relevantes en el prompt que indiquen el interés del usuario. Por ejemplo, si el usuario está interesado en aprender sobre nuevas películas, un prompt consciente del contexto podría ser: "¿Cuáles son los últimos estrenos de cine?". Esta pregunta proporciona al chatbot un contexto significativo y señala el interés del usuario, lo que puede ayudar a generar una respuesta más atractiva y relevante.

Plantillas predefinidas

Las plantillas predefinidas pueden ser una forma eficaz de mejorar el flujo de la conversación y la precisión de las respuestas de ChatGPT. Estas plantillas pueden adaptarse a casos de uso específicos, proporcionando una estructura coherente de interacción con el chatbot. Las plantillas predefinidas pueden ser especialmente útiles cuando el chatbot necesita recabar información específica o guiar la conversación hacia un resultado concreto.

Un ejemplo de plantilla predefinida es una plantilla de reservas utilizada por los chatbots de viajes. Esta plantilla incluye pasos para recopilar información como el destino del viajero, las fechas del viaje y la aerolínea preferida. A continuación, el chatbot puede utilizar esta información para buscar vuelos disponibles y ofrecer al usuario opciones que se ajusten a sus preferencias.

Otro ejemplo de plantilla predefinida es una plantilla de atención al cliente, como se ha mencionado antes. Esta plantilla puede incluir pasos para identificar el problema del cliente, recopilar información relevante y proporcionar una resolución. El chatbot puede utilizar esta información para dar una respuesta adecuada y guiar la conversación hacia una resolución.

Las plantillas predefinidas también pueden combinarse con otras técnicas, como el procesamiento del lenguaje natural y el aprendizaje automático, para mejorar la precisión y relevancia de las respuestas. Por ejemplo, un chatbot de viajes puede utilizar el procesamiento del lenguaje natural para comprender la consulta del usuario y, a continuación, utilizar una plantilla predefinida para guiar la conversación hacia la reserva de un vuelo. A continuación, el chatbot puede utilizar el aprendizaje automático para mejorar su comprensión de las preferencias del usuario y ofrecer recomendaciones más personalizadas en futuras interacciones.

Diferentes formas de entrada

Además de los prompts basados en texto, ChatGPT también puede utilizarse para generar respuestas a distintas formas de entrada, como imágenes o videos. El uso de diversas formas de entrada puede proporcionar a ChatGPT un contexto adicional y ayudar a dar forma a la dirección de la conversación.

Por ejemplo, un chatbot de reconocimiento de imágenes impulsado por ChatGPT puede utilizar una imagen como entrada para generar una respuesta que describa la imagen o proporcione información sobre los objetos de la imagen. El chatbot puede utilizar la tecnología de reconocimiento de imágenes para identificar objetos en la imagen y generar una respuesta como "Veo una hermosa puesta de sol sobre el océano en la imagen".

Del mismo modo, un chatbot de reconocimiento de video impulsado por ChatGPT puede utilizar un video como entrada para generar una respuesta que describa el contenido del mismo. Por ejemplo, el chatbot puede utilizar tecnología de reconocimiento de video para identificar un acontecimiento deportivo en un video y generar una respuesta como "Veo un partido de baloncesto en curso en el video".

La capacidad de ChatGPT de generar respuestas a distintas formas de entrada permite utilizarlo en diversos ámbitos y mejora su capacidad de comprender y responder a las necesidades de los usuarios.

Aprendizaje por refuerzo

El aprendizaje por refuerzo también puede combinarse con otras técnicas, como los prompts conscientes del contexto y las plantillas predefinidas, para proporcionar un enfoque aún más potente y completo a la hora de dar forma a la conversación con ChatGPT. Por ejemplo, un chatbot de atención al cliente basado en ChatGPT puede utilizar una combinación de prompts contextuales y técnicas de aprendizaje por refuerzo para proporcionar al cliente una experiencia altamente personalizada y relevante. El chatbot puede preguntar al cliente por su ubicación e interacciones anteriores, utilizar esta información para determinar las preferencias del cliente y, a continuación, utilizar técnicas de aprendizaje por refuerzo para dar forma a la conversación basándose en los comentarios del cliente.

Una cosa importante que hay que recordar al utilizar el aprendizaje por refuerzo es asegurarse de que la retroalimentación proporcionada por el usuario sea precisa y pertinente. Por ejemplo, si el cliente proporciona retroalimentación que no esté relacionada con la conversación o que no sea representativa de sus verdaderas preferencias, los algoritmos de aprendizaje por refuerzo pueden no ser capaces de dar forma a la conversación de forma eficaz. Para solucionarlo, puede ser necesario aplicar técnicas adicionales, como el análisis de sentimientos o el procesamiento del lenguaje natural, que ayuden a garantizar que la retroalimentación proporcionada por el usuario sea precisa y relevante.

Otro aspecto importante a tener en cuenta al utilizar el aprendizaje por refuerzo es el proceso de entrenamiento. Es importante asegurarse de que el chatbot se entrene con un conjunto amplio y diverso de datos, lo que puede ayudar a mejorar la precisión y la calidad de las respuestas del chatbot. El proceso de entrenamiento también debe supervisarse y actualizarse periódicamente a medida que se disponga de nuevos datos o cambien con el tiempo las preferencias y comportamientos del usuario.

Hay muchas técnicas que pueden utilizarse para enriquecer la conversación con ChatGPT y mejorar la calidad de sus respuestas. El uso de prompts conscientes del contexto, plantillas predefinidas, diferentes formas de entrada y el aprendizaje por refuerzo pueden ayudar a dar forma a la conversación y proporcionar a ChatGPT el contexto necesario para generar respuestas de alta calidad. Al implementar estas técnicas y considerar cuidadosamente la retroalimentación del usuario, es posible crear chatbots altamente personalizados y conscientes del contexto, capaces de proporcionar una experiencia de usuario excepcional.

La mayoría de estas técnicas están disponibles en la versión actual de ChatGPT; sin embargo, las versiones futuras permitirán aplicar técnicas mucho más específicas y complejas.

CAPÍTULO 6
Utilizar ChatGPT para aplicaciones prácticas

Como modelo de lenguaje de gran tamaño (LLM, por sus siglas en inglés) desarrollado por OpenAI, ChatGPT tiene un amplio abanico de aplicaciones potenciales, desde la atención al cliente hasta la traducción de idiomas y la generación de contenidos. En este capítulo, exploraremos los distintos casos de uso de ChatGPT y sus ventajas y desafíos para cada una de estas aplicaciones. También examinaremos las mejores prácticas para utilizar ChatGPT en cada caso de uso y debatiremos el potencial futuro de la tecnología y su papel en la configuración del futuro de la inteligencia artificial.

Generación de contenidos

Otro posible caso de uso de ChatGPT es la generación de contenidos, como la generación de artículos, entradas de blog y otros tipos de contenidos escritos. ChatGPT puede utilizarse para generar contenidos escritos de alta calidad en tiempo real, proporcionando a empresas y particulares una solución rentable y eficaz para la creación de contenidos.

Por ejemplo, un chatbot de generación de contenidos impulsado por ChatGPT puede utilizarse para generar artículos, entradas de blog y otros tipos de contenido escrito.

El chatbot puede entrenarse para generar contenidos sobre diversos temas, desde tecnología y negocios hasta deportes y entretenimiento. El uso de plantillas predefinidas y prompts contextuales puede ayudar a dar forma a la dirección del contenido y garantizar que sea relevante y apropiado.

Uno de los desafíos de utilizar ChatGPT para la generación de contenidos es garantizar que el chatbot proporcione contenidos de alta calidad que sean atractivos y relevantes para el público objetivo.

Para superar este desafío, es importante entrenar ChatGPT en un corpus amplio y diverso de datos de texto de alta calidad, y afinar el modelo para casos de uso específicos. Además, utilizar prompts y plantillas conscientes del contexto puede ayudar a dar forma a la dirección del contenido y garantizar que se adapte al público objetivo. También es importante revisar y editar cuidadosamente el contenido generado por el chatbot para garantizar que no contenga errores y cumpla las normas de calidad deseadas.

Además, existen posibles consideraciones éticas al utilizar ChatGPT para la generación de contenidos, sobre todo en lo que se refiere a cuestiones como el plagio y la infracción de los derechos de autor. Es importante asegurarse de que ningún contenido generado por chatbot viole los derechos de propiedad intelectual o las normas éticas.

En general, la generación de contenidos es un caso de uso prometedor para ChatGPT, ya que ofrece a empresas y particulares una solución rentable y eficaz para crear contenidos escritos de alta calidad. Sin embargo, es importante considerar cuidadosamente las posibles implicaciones éticas y asegurarse de que el contenido del chatbot cumpla las normas deseadas de calidad y relevancia.

ChatGPT para atención al cliente

Ya hemos tratado un poco este tema en capítulos anteriores, pero ChatGPT tiene el potencial de revolucionar el sector de la atención al cliente al proporcionar a las empresas una solución rentable y muy eficaz para gestionar las consultas de los clientes. El uso de ChatGPT en el servicio de atención al cliente puede proporcionar a los clientes respuestas rápidas y precisas a sus preguntas, lo que puede ayudar a mejorar la experiencia general del mismo.

Una de las principales ventajas de utilizar ChatGPT para el servicio de atención al cliente es su capacidad para gestionar grandes volúmenes de consultas de clientes. ChatGPT puede configurarse para gestionar varias consultas de clientes simultáneamente, lo que significa que las empresas pueden gestionar más consultas con los mismos recursos. Además, las capacidades de procesamiento del lenguaje natural de ChatGPT le permiten comprender y responder a las consultas de los clientes de forma similar a la humana, lo que puede ayudar a mejorar la experiencia general del cliente.

Sin embargo, el uso de ChatGPT para la atención al cliente conlleva algunos desafíos. Uno de los mayores desafíos es garantizar que ChatGPT proporcione respuestas precisas y pertinentes a las consultas de los clientes. Las empresas deben asegurarse de que su modelo de ChatGPT esté bien entrenado y actualizado con la información más reciente para poder ofrecer a los clientes respuestas precisas y pertinentes. Además, las empresas deben asegurarse de que su modelo ChatGPT esté configurado para gestionar distintos tipos de consultas de los clientes, como cuestiones técnicas complejas o información confidencial de los clientes.

Buenas prácticas para utilizar ChatGPT en el servicio de atención al cliente

Para sacar el máximo partido del uso de ChatGPT para el servicio de atención al cliente, las empresas deben seguir algunas de las siguientes prácticas recomendadas:

1. Invertir en datos de entrenamiento de calidad: para dar respuestas precisas y pertinentes, es importante invertir en datos de entrenamiento de calidad. Esto significa proporcionar a ChatGPT un conjunto amplio y diverso de consultas de clientes, así como información sobre la empresa y sus productos y servicios.

2. Actualizar regularmente el modelo de ChatGPT: la información y los datos utilizados para entrenar el modelo ChatGPT quedarán obsoletos con el tiempo. Por ello, es importante actualizar periódicamente el modelo de ChatGPT con la información más reciente para garantizar que proporcione respuestas precisas y pertinentes.

3. Supervisar la retroalimentación de los clientes: monitorear la retroalimentación de los clientes puede ayudar a las empresas a identificar las áreas en las que el ChatGPT proporcione respuestas incorrectas o irrelevantes, que pueden corregirse en el modelo.

4. Integración con otras herramientas de atención al cliente: ChatGPT puede integrarse con otras herramientas de atención al cliente, como el chat en directo y los asistentes de voz, para ofrecer a los clientes una experiencia de atención al cliente integral y sin fisuras.

ChatGPT para la traducción de idiomas

ChatGPT también tiene el potencial de revolucionar el sector de la traducción de idiomas al proporcionar a las empresas una solución muy precisa y rentable para la traducción de texto y voz. Utilizar ChatGPT en la traducción de idiomas puede ayudar a las empresas a expandirse a nuevos mercados y llegar a una mayor base de clientes.

Una de las principales ventajas de utilizar ChatGPT para la traducción de idiomas es su capacidad para proporcionar traducciones de gran precisión. Las capacidades de procesamiento del lenguaje natural de ChatGPT le permiten comprender y traducir texto y voz de forma más precisa y natural que las herramientas tradicionales de traducción de idiomas.

Sin embargo, existen algunos desafíos asociados al uso de ChatGPT para la traducción de idiomas. Uno de los mayores desafíos es garantizar que ChatGPT pueda manejar los distintos idiomas y dialectos. Las empresas deben asegurarse de que su modelo de ChatGPT esté bien entrenado y actualizado con la información más reciente respecto a los idiomas y dialectos específicos que deseen traducir.

Finalmente, es esencial considerar el potencial futuro de ChatGPT y su papel en la configuración del futuro de la IA. A medida que ChatGPT siga evolucionando y mejorando, tiene potencial para ser utilizado en una amplia gama de aplicaciones nuevas e innovadoras. Por ejemplo, ChatGPT podría generar asistentes virtuales altamente personalizados, proporcionar servicios de traducción en tiempo real, o incluso crear nuevas formas de contenido, como artículos de noticias o relatos breves.

El futuro de ChatGPT también está estrechamente ligado al desarrollo de otras tecnologías de IA, como el procesamiento del lenguaje natural y la visión por computadora. A medida que estas tecnologías sigan mejorando, ChatGPT podrá comprender y responder mejor a una amplia gama de entradas, desde texto y voz hasta imágenes y videos.

Además, el uso del aprendizaje por refuerzo y otras técnicas avanzadas de aprendizaje automático desempeñarán un papel fundamental en la configuración del futuro de ChatGPT. A medida que ChatGPT siga aprendiendo de las interacciones con los usuarios, podrá mejorar sus respuestas y generar respuestas más personalizadas y relevantes con el tiempo.

En conclusión, ChatGPT es una potente herramienta con infinidad de aplicaciones prácticas, desde el servicio de atención al cliente y la traducción de idiomas, hasta la generación de contenidos. Al comprender las ventajas y los retos de utilizar ChatGPT para cada uno de estos casos de uso, así como las mejores prácticas para su implementación, las organizaciones pueden liberar todo el potencial de

ChatGPT y utilizarlo para ofrecer una experiencia de usuario más personalizada y atractiva. Con su enorme proyección y su papel en la configuración del futuro de la IA, ChatGPT tiene el potencial de revolucionar la forma en que interactuamos con la tecnología y el mundo que nos rodea.

CAPÍTULO 7

Buenas prácticas para la ingeniería de prompts y la conversación con ChatGPT

ChatGPT tiene el potencial de revolucionar la forma en que nos comunicamos e interactuamos con la tecnología, pero para aprovechar plenamente su potencial, es esencial comprender los principios clave y las mejores prácticas para una ingeniería de prompts y una conversación eficaces con ChatGPT. En este capítulo, exploraremos los elementos clave que intervienen en el diseño de prompts eficaces y en la configuración de la conversación con ChatGPT.

Principios clave de la ingeniería de prompts

La ingeniería de prompts es un componente crítico de la conversación con ChatGPT. La calidad del prompt puede influir mucho en la respuesta generada por ChatGPT, y es esencial comprender los principios clave de una ingeniería de prompts eficaz. Algunos de los principios clave de la ingeniería de prompts incluyen:

- Proporcionar información clara y concisa sobre el contexto de la conversación.
- Proporcionar información adicional sobre el usuario o el tema de la conversación.
- Proporcionar una estructura o plantilla para la conversación puede ayudar a ChatGPT a comprender el contexto y generar respuestas más relevantes y personalizadas.

Siguiendo estos principios, podrás diseñar prompts eficaces que proporcionen a ChatGPT la información que necesita para generar respuestas de alta calidad.

Seguimiento y evaluación de la conversación

Supervisar y evaluar la conversación con ChatGPT es una parte esencial del proceso de dar forma a la conversación. Esto puede ayudarte a identificar las áreas en las que la conversación puede mejorarse y a realizar cambios en el prompt o en el proceso de generación de respuestas según sea necesario.

Se pueden utilizar varias herramientas y técnicas diferentes para controlar y evaluar la conversación con ChatGPT. Algunas de ellas son las siguientes:

- Registrar y analizar los datos de la conversación puede ayudarte a comprender los patrones y tendencias de la conversación.
- Utilizar métricas, como la precisión de la respuesta, la relevancia de la respuesta y la satisfacción del cliente, para medir la calidad de la conversación.

- Recopilar y analizar la retroalimentación de los usuarios, puede ayudarte a identificar las áreas en las que se podría mejorar la conversación.

Supervisando y evaluando la conversación con ChatGPT, podrás conocer mejor los puntos fuertes y débiles del sistema y hacer cambios para mejorar la calidad de la conversación a lo largo del tiempo.

Utilizar los datos y la retroalimentación para mejorar la conversación

Los datos y la retroalimentación son fundamentales para dar forma a la conversación con ChatGPT. Analizando los datos generados por la conversación y los comentarios recibidos de los usuarios, podrás conocer mejor los puntos fuertes y débiles del sistema y realizar los cambios necesarios para mejorar la calidad de la conversación con el tiempo.

Algunas de las formas en que puedes utilizar los datos y la retroalimentación para mejorar la conversación con ChatGPT son las siguientes:

- Utilizar datos para identificar patrones y tendencias en la conversación puede ayudarte a identificar áreas en las que se podría mejorar la conversación.
- Utilizar la retroalimentación de los usuarios para identificar las áreas en las que la conversación no está cumpliendo sus expectativas y realizar cambios en el proceso de generación de prompts o respuestas según sea necesario.

- Utilizar los datos para comprender las preferencias del usuario y realizar cambios en el proceso de generación de prompts o respuestas para proporcionar respuestas más personalizadas y pertinentes.

Al utilizar los datos y la retroalimentación para mejorar la conversación con ChatGPT, puedes crear una conversación más atractiva y personalizada que satisfaga las necesidades y expectativas de tus usuarios.

Juicio humano y consideraciones éticas

Además de los aspectos técnicos del uso de ChatGPT, también hay que tener en cuenta importantes consideraciones éticas. El uso de ChatGPT puede plantear cuestiones sobre el rol de los humanos en la configuración de la conversación y hasta qué punto ChatGPT es capaz de tomar decisiones por sí mismo.

Para garantizar que el uso de ChatGPT se ajuste a los principios éticos, es esencial tener en cuenta las posibles consecuencias de las respuestas del chatbot y asegurarse de que éste no se utilice para difundir información falsa o incurrir en comportamientos poco éticos. Por ejemplo, un chatbot impulsado por ChatGPT utilizado para el servicio de atención al cliente debe programarse para seguir prácticas éticas de atención al cliente y evitar difundir información falsa a los clientes.

Otra consideración ética importante es la posibilidad de que ChatGPT perpetúe los sesgos existentes y refuerce los estereotipos. Por ejemplo, un chatbot impulsado por ChatGPT que haya sido entrenado con datos sesgados puede generar respuestas que perpetúen los sesgos existentes y refuercen los estereotipos. Para minimizar el potencial de sesgo, es importante seleccionar cuidadosamente los datos de entrenamiento utilizados para entrenar al chatbot y asegurarse de que se entrene con datos diversos e inclusivos.

El juicio humano es esencial a la hora de evaluar la calidad y adecuación de las respuestas de ChatGPT. Aunque ChatGPT puede generar respuestas con rapidez y eficacia, no siempre proporciona las respuestas más apropiadas o precisas. Los humanos deben revisar las respuestas del chatbot y asegurarse de que se ajusten a la finalidad prevista del chatbot y de que sean apropiadas para el contexto en el que se están utilizando.

Además, como ocurre con cualquier tecnología, existe la posibilidad de que se haga un uso indebido o abusivo de ChatGPT. Es esencial que las organizaciones y las personas utilicen ChatGPT de forma responsable y ética, y que se aseguren de que el chatbot no se utilice para difundir información falsa, participar en comportamientos poco éticos o violar la privacidad de los usuarios. En general, ChatGPT requiere un equilibrio entre conocimientos técnicos, consideraciones éticas y juicio humano. Teniendo en cuenta estos factores, las organizaciones y las personas pueden asegurarse de utilizar ChatGPT de forma responsable y eficaz.

Aquí tienes nueve prompts para ChatGPT que acelerarán tu aprendizaje:

1) Prompt: "Ayúdame a establecer paralelismos entre (tema o habilidad) y temas que no estén directamente relacionados, para poder comprender mejor el concepto y aplicarlo a nuevas situaciones". - Utiliza el pensamiento analógico para facilitar la comprensión.

2) Prompt: "Desarrolla un plan de estudios para enseñarle (tema o habilidad) a un amigo o compañero, reforzando mi comprensión e identificando áreas de mejora". - Anima a enseñar a otros como estrategia de aprendizaje.

3) Prompt: "Guíame sobre cómo formular preguntas eficaces relacionadas con (tema o habilidad) que promuevan un pensamiento más profundo y estimulen la curiosidad". - aprende a hacer mejores preguntas.

4) Prompt: "Crea un plan de aprendizaje que incorpore escenarios o aplicaciones del mundo real para (tema o habilidad) con el fin de mejorar la retención y comprensión de la memoria". - Utiliza el poder del contexto para mejorar la retención de información.

5) Prompt: "Desglosa (tema o habilidad) en partes o unidades más pequeñas y manejables, y proporciona un plan estructurado para dominar cada una de ellas". - Aplica el concepto de "fragmentación" para facilitar el aprendizaje.

6) Prompt: "Sugiéreme formas de incorporar el aprendizaje de (tema o habilidad) a mi rutina diaria, creando hábitos que apoyen el progreso y el crecimiento constantes". - Aplica el poder de la formación de hábitos al aprendizaje

7) Prompt: "Proporcióname una serie de pruebas o cuestionarios sobre (tema o habilidad) con distintos niveles

de dificultad para mejorar mi retención y comprensión". - Aprovecha el efecto de prueba para mejorar la retención.

8) Prompt: "Crea un plan de estudio que incorpore la Técnica Pomodoro para ayudarme a mantener la concentración y la productividad mientras aprendo (tema o habilidad)". - Utiliza la Técnica Pomodoro para un aprendizaje enfocado.

9) Prompt: "Introduce desafíos u obstáculos relacionados con (tema o habilidad) que me obliguen a pensar más profundamente y mejoren mi aprendizaje y mi capacidad para resolver problemas". - Utiliza el concepto de "dificultades deseables".

Utilizar ChatGPT para aplicaciones prácticas puede aportar muchas ventajas. Controlando y evaluando la conversación, utilizando datos y retroalimentación para mejorar la discusión a lo largo del tiempo, y teniendo en cuenta el papel del juicio humano y utilizando prompts hiperespecíficos, ChatGPT puede utilizarse para generar respuestas de alta calidad y proporcionar al usuario información y asistencia ilimitadas.

CAPÍTULO 8

Técnicas avanzadas para mejorar el rendimiento de ChatGPT

ChatGPT es una potente herramienta de generación de lenguaje que puede producir respuestas de alta calidad con conciencia del contexto. Sin embargo, como ocurre con cualquier sistema de IA, existen varias técnicas avanzadas que pueden utilizarse para mejorar aún más el rendimiento de ChatGPT. En este capítulo, exploraremos algunos de los métodos más eficaces para mejorar el rendimiento de ChatGPT y aumentar la calidad de sus respuestas.

Ajuste fino de los modelos preentrenados

El ajuste fino de los modelos preentrenados es una técnica esencial para mejorar el rendimiento de ChatGPT. El ajuste fino consiste en entrenar el modelo en una tarea o conjunto de datos específicos, lo que le permite comprender mejor el contexto y el lenguaje de la tarea. Este enfoque puede ser especialmente útil cuando se trabaja en un ámbito concreto, como la atención al cliente o la traducción de idiomas, ya que permite a ChatGPT especializarse y ser más eficiente en ese campo.

El aprendizaje por transferencia es el método utilizado para afinar los modelos preentrenados, que consiste en aprovechar los valores preentrenados de un modelo y actualizarlos con datos específicos de la tarea. Esto permite que el modelo se adapte a los nuevos datos y mejore su rendimiento sin dejar de beneficiarse de los conocimientos adquiridos del modelo preentrenado. El aprendizaje por transferencia ayuda a reducir el tiempo y los recursos necesarios para entrenar un modelo desde cero y permite a ChatGPT manejar mejor nuevas tareas y dominios.

El ajuste fino también puede ayudar a mitigar algunas de las deficiencias de ChatGPT, como su falta de conocimientos sobre dominios específicos o su incapacidad para comprender el contexto y los conocimientos de sentido común. ChatGPT puede generar respuestas más precisas y relevantes para tareas y dominios específicos afinando el modelo con datos específicos de la tarea y proporcionando prompts conscientes del contexto. Sin embargo, garantizar que los datos de entrenamiento utilizados para el ajuste fino sean diversos, inclusivos y libres de sesgos es esencial para evitar perpetuar los prejuicios y estereotipos existentes.

Aumento de datos

El aumento de datos es otra potente técnica para mejorar el rendimiento de ChatGPT. Este proceso consiste en crear datos de entrenamiento adicionales transformando artificialmente los datos existentes. Por ejemplo, el aumento de datos puede consistir en cambiar aleatoriamente el orden de las palabras de una frase, añadir ruido a los datos o crear datos sintéticos mediante técnicas de generación de texto.

El aumento de datos puede ayudar a reducir el sobreajuste, que es cuando un modelo se especializa demasiado en los datos de entrenamiento y funciona mal con datos nuevos. ChatGPT puede adaptarse mejor a los nuevos datos y producir respuestas de mayor calidad creando datos adicionales mediante el aumento de datos.

Ampliando el punto anterior, el aumento de datos es una técnica que puede ayudar a aumentar el tamaño y la diversidad de los datos de entrenamiento utilizados para entrenar a ChatGPT. Esto es importante porque unos datos de entrenamiento más grandes y diversos pueden ayudar a ChatGPT a comprender mejor los matices del lenguaje y mejorar su capacidad de generar respuestas de alta calidad.

Existen varios métodos diferentes de aumento de datos que pueden utilizarse con ChatGPT. Un método habitual es añadir ruido a los datos, como erratas o faltas de ortografía en el texto. Esto puede ayudar a simular la variabilidad del lenguaje natural y mejorar la capacidad de ChatGPT para manejar entradas "ruidosas" o incompletas.

Otro método de aumento de datos consiste en modificar aleatoriamente los datos de entrada. Esto podría implicar intercambiar palabras o frases al azar, añadir o eliminar palabras, o cambiar el orden de las palabras en una frase.

Al realizar estos cambios, ChatGPT puede exponerse a una gama más amplia de datos de entrada y adaptarse mejor a nuevas situaciones. Además de estos métodos, el aumento de datos también puede implicar la generación de datos sintéticos mediante técnicas como la generación de texto. Esto puede ser especialmente útil en casos en los que se dispone de una cantidad limitada de datos de entrenamiento, ya que permite a ChatGPT generar datos adicionales y mejorar su rendimiento.

Aprendizaje Multitarea

El aprendizaje multitarea es una potente técnica que puede utilizarse para mejorar el rendimiento de ChatGPT. Este enfoque implica entrenar un único modelo en múltiples tareas simultáneamente, en lugar de entrenar modelos separados para cada tarea. El objetivo es permitir que el modelo aproveche el conocimiento y la experiencia adquiridos en una tarea para mejorar el rendimiento en las demás.

Por ejemplo, un modelo basado en ChatGPT entrenado con datos del servicio de atención al cliente podría entrenarse también con datos de traducción de idiomas. Al entrenar el modelo en ambas tareas, puede aprender a comprender mejor los matices de las interacciones de atención al cliente y las complejidades de la traducción de idiomas. Los conocimientos adquiridos en una de las tareas pueden utilizarse para mejorar el rendimiento de la otra, lo que se traduce en respuestas de mayor calidad para ambas tareas.

El aprendizaje multitarea también puede ayudar a reducir los datos de entrenamiento necesarios para cada tarea. Al compartir conocimientos entre tareas, el modelo puede ser más eficaz en el aprendizaje y necesitar menos datos para alcanzar un alto rendimiento.

Sin embargo, existen algunos desafíos asociados al aprendizaje multitarea. Por ejemplo, las tareas que se aprenden deben estar relacionadas de algún modo para que se puedan transferir conocimientos entre ellas. Además, el modelo podría volverse más complejo y requerir más recursos para entrenarse y desplegarse.

A pesar de estos desafíos, el aprendizaje multitarea es un enfoque prometedor para mejorar el rendimiento de ChatGPT y podría conducir a chatbots más eficientes y eficaces.

Métodos de conjunto

Los métodos de conjunto son una técnica popular para aumentar el rendimiento de los modelos de aprendizaje automático, incluido ChatGPT. En lugar de basarse en un único modelo para hacer predicciones, los métodos de conjunto utilizan varios modelos para generar predicciones y luego los combinan para producir un resultado más preciso.

Hay distintas formas de aplicar métodos de conjunto en ChatGPT, como entrenar varios modelos en distintos subconjuntos de datos, utilizar distintas arquitecturas o hiperparámetros, o ajustar los modelos para tareas específicas. La predicción final se realiza agregando las predicciones de cada modelo mediante diversas técnicas, como el promedio ponderado, la votación máxima o el apilamiento.

Estos métodos también pueden ayudar a abordar las limitaciones de los modelos individuales y mejorar el rendimiento general de ChatGPT. Al combinar las predicciones de múltiples modelos, los métodos de conjunto pueden reducir el riesgo de sobreajuste, aumentar la capacidad del modelo para adaptarse a nuevos datos y mejorar la solidez del modelo frente a entradas ruidosas o ambiguas. Los métodos de conjunto también pueden ayudar a captar distintos aspectos de los datos y generar respuestas más diversas, lo que puede ser especialmente útil en aplicaciones de procesamiento del lenguaje natural como los chatbots.

Sin embargo, los métodos de conjunto también requieren recursos informáticos adicionales y pueden ser más complejos de implementar y mantener que los modelos individuales. La selección cuidadosa de los modelos que se incluirán en el conjunto y del método utilizado para agregar las predicciones, son cruciales para garantizar un rendimiento óptimo.

Aprendizaje continuo

El aprendizaje continuo es una técnica que consiste en entrenar un modelo para que aprenda continuamente de los nuevos datos sin olvidar los conocimientos adquiridos de los datos anteriores. Esto puede ser especialmente útil para ChatGPT, ya que permite al modelo mejorar continuamente su rendimiento a lo largo del tiempo y adaptarse mejor a las distribuciones cambiantes de los datos.

Por ejemplo, un modelo basado en ChatGPT podría entrenarse con datos de atención al cliente, y luego actualizarse continuamente con nuevos datos de atención al cliente. Así, el modelo podría aprender de los nuevos datos y mejorar su rendimiento a lo largo del tiempo sin olvidar los conocimientos adquiridos con los datos anteriores.

En conclusión, estas técnicas avanzadas para mejorar el rendimiento de ChatGPT pueden ser muy eficaces para aumentar la calidad de sus respuestas y adaptarse mejor a tareas o dominios específicos. Ya sea mediante el ajuste fino de modelos preentrenados, el aumento de datos, el aprendizaje multitarea, los métodos de conjunto o el aprendizaje continuo, estas técnicas ofrecen la oportunidad de llevar a ChatGPT al siguiente nivel y aprovechar todo su potencial.

Sin embargo, es esencial recordar que, aunque estas técnicas pueden ser muy eficaces, también requieren una cantidad significativa de conocimientos técnicos y recursos para ponerlas en práctica. Por lo tanto, se recomienda considerar cuidadosamente los objetivos y recursos disponibles antes de embarcarse en cualquier técnica avanzada para mejorar el rendimiento de ChatGPT. Además, es esencial controlar y evaluar continuamente el rendimiento de ChatGPT, y realizar los ajustes necesarios para garantizar que cumpla con los objetivos y estándares deseados.

Capítulo 9

Comprender e interpretar la salida de ChatGPT

ChatGPT puede generar respuestas muy convincentes y conscientes del contexto, lo que lo convierte en una herramienta atractiva para muchas aplicaciones. Sin embargo, es esencial comprender que las respuestas generadas por ChatGPT no siempre son precisas, y es crucial poder evaluar e interpretar las salidas de ChatGPT.

En este capítulo, exploraremos los distintos tipos de salida (respuesta o resultado) que puede generar ChatGPT y discutiremos cómo evaluar eficazmente la precisión y calidad de esas respuestas. También hablaremos de la importancia de controlar y evaluar el rendimiento de ChatGPT y del papel que desempeña el juicio humano en la interpretación de sus resultados.

Diferentes tipos de salida de ChatGPT

ChatGPT puede generar una amplia gama de resultados, como texto en lenguaje natural, imágenes y audio. Al trabajar con ChatGPT, es esencial comprender los distintos tipos de salida que se pueden generar, ya que esto puede influir en la precisión y calidad de las respuestas.

Salida basada en texto: La salida basada en texto es el tipo más común de salida generada por ChatGPT y se utiliza para una amplia gama de aplicaciones, como el servicio de atención al cliente, la traducción de idiomas y la generación de contenidos. Este tipo de salida se genera procesando entradas de lenguaje natural y generando respuestas de lenguaje natural.

Salida basada en imágenes: La salida basada en imágenes se genera procesando datos de imágenes y generando nuevas imágenes. Este tipo de salida se utiliza para aplicaciones de clasificación de imágenes, generación de imágenes y subtitulación de imágenes.

Salida basada en audio: La salida basada en audio se genera procesando datos de audio y generando nuevo audio. Este tipo de salida se utiliza para aplicaciones como la síntesis de voz y la generación de música.

Además de los tres tipos principales de salida mencionados, también hay variaciones y combinaciones de estos tipos de salida que ChatGPT puede generar. Por ejemplo, la salida basada en texto puede combinarse con la salida basada en imágenes para generar subtítulos de imágenes o con la salida basada en audio para generar transcripciones de voz a texto.

Además, ChatGPT puede generar la salida en distintos idiomas, dependiendo del idioma de la entrada y del modelo lingüístico utilizado para el entrenamiento. ChatGPT puede soportar conversaciones multilingües y ampliar sus aplicaciones a mercados globales.

El tipo de salida generada por ChatGPT depende en gran medida de la tarea o aplicación para la que se utilice. Por ejemplo, en las aplicaciones de atención al cliente, la salida basada en texto se suele utilizar para generar respuestas a las consultas de los clientes, mientras que la salida basada en imágenes se puede utilizar en aplicaciones como el reconocimiento facial.

Comprender los distintos tipos de salida que puede generar ChatGPT es esencial para que los desarrolladores y las empresas determinen el formato de salida más adecuado para sus aplicaciones o tareas específicas.

Evaluación de la precisión y calidad de las salidas de ChatGPT

Al trabajar con ChatGPT, es esencial evaluar la precisión y la calidad de las respuestas generadas por el modelo. Hay varias métricas que pueden utilizarse para evaluar el rendimiento del modelo.

Precisión: La precisión es una métrica que mide la proporción de respuestas relevantes generadas por ChatGPT. Ayuda a evaluar la capacidad del modelo para generar respuestas relevantes y precisas. Una puntuación de precisión alta indica que el modelo está generando respuestas muy relevantes al prompt de entrada.

Relevancia: La recuperación es una métrica que mide la proporción de respuestas relevantes que ChatGPT genera correctamente. Evalúa la capacidad del modelo para captar toda la información relevante del prompt de entrada. Una puntuación alta indica que el modelo capta eficazmente toda la información importante del prompt.

Puntuación F1: La puntuación F1 es una métrica que equilibra la precisión y la relevancia. Es una buena medida general del rendimiento del modelo. Una puntuación F1 alta indica que el modelo está generando respuestas precisas y relevantes.

Perplejidad: La perplejidad es una métrica que evalúa la capacidad del modelo para predecir la siguiente palabra de una secuencia. Evalúa la capacidad del modelo para generar respuestas coherentes y gramaticalmente correctas. Una puntuación baja en perplejidad indica que el modelo genera respuestas fluidas y que suenan naturales.

Es esencial tener en cuenta que ninguna métrica por sí sola puede evaluar completamente el rendimiento de ChatGPT. Por lo tanto, se recomienda una combinación de métricas para evaluar la precisión y la calidad de las respuestas del modelo. Además, la evaluación manual por parte de expertos humanos de las reacciones generadas por ChatGPT puede proporcionar información valiosa sobre el rendimiento del modelo.

Seguimiento y evaluación del funcionamiento de ChatGPT

Supervisar y evaluar el rendimiento de ChatGPT es un proceso continuo que ayuda a garantizar que el modelo siga generando respuestas relevantes y de alta calidad. Hay varias técnicas que pueden utilizarse para controlar y evaluar el rendimiento de ChatGPT:

1. Evaluaciones periódicas del rendimiento: Las evaluaciones periódicas del rendimiento son una herramienta esencial para identificar las áreas en las que el modelo funciona bien

y en las que hay margen de mejora. Estas evaluaciones pueden realizarse comparando las respuestas del modelo con respuestas generadas por humanos, evaluando la exactitud y precisión del modelo, y analizando el rendimiento del modelo a lo largo del tiempo.

2. Monitoreo de las salidas del modelo: Supervisar los resultados del modelo es fundamental para detectar cambios en su comportamiento. Esto puede hacerse analizando los resultados del modelo para comprobar su coherencia y precisión, siguiendo el tiempo de respuesta del modelo y controlando la utilización de los recursos del mismo.

3. Retroalimentación de los usuarios finales: La retroalimentación de los usuarios finales es una herramienta inestimable para evaluar la calidad y pertinencia de las respuestas del modelo. Los usuarios finales pueden dar su opinión mediante encuestas, valoraciones y revisiones, que pueden utilizarse para identificar las áreas en las que el modelo funciona bien y en las que debería mejorar.

4. Pruebas A/B: La prueba A/B es una técnica utilizada para comparar el rendimiento de distintos modelos o variaciones del mismo modelo. Esta técnica consiste en asignar aleatoriamente usuarios a otros modelos y medir el rendimiento de cada modelo. Esto puede ayudar a identificar qué modelo genera las respuestas más precisas y relevantes.

5. Aprendizaje continuo: El aprendizaje continuo consiste en actualizar y mejorar el modelo a lo largo del tiempo.

Esto puede hacerse incorporando nuevos datos al modelo, refinando los algoritmos y actualizando sus datos de entrenamiento. El aprendizaje continuo garantiza que el modelo permanezca actualizado y genere respuestas de alta calidad a lo largo del tiempo.

Las evaluaciones periódicas del rendimiento, la supervisión de los resultados del modelo y la retroalimentación de los usuarios finales son técnicas valiosas que garantizan que el modelo siga generando respuestas relevantes y de alta calidad a lo largo del tiempo. Al aplicar estas técnicas, las empresas y los desarrolladores pueden asegurarse de que sus chatbots y agentes conversacionales impulsados por ChatGPT sigan siendo herramientas eficaces y fiables para relacionarse con sus clientes y usuarios.

El rol del juicio humano en la interpretación de los resultados de ChatGPT

Aunque ChatGPT es una potente herramienta para generar respuestas de alta calidad conscientes del contexto, es esencial reconocer que las respuestas generadas por el modelo no siempre serán perfectas y a veces pueden contener imprecisiones o sesgos. En consecuencia, el juicio humano debe desempeñar un papel en la interpretación de los resultados de ChatGPT para garantizar que las respuestas generadas sean pertinentes, confiables y precisas.

Hay muchos factores que pueden influir en la precisión de los resultados de ChatGPT, como la calidad de los datos utilizados para entrenar el modelo, la complejidad de los datos de entrada y las limitaciones de la arquitectura del modelo. En consecuencia, es necesario utilizar el juicio humano para evaluar la calidad y precisión de los resultados de ChatGPT y para realizar las correcciones o modificaciones necesarias.

Además de evaluar la precisión y relevancia de los resultados del modelo, el juicio humano también puede guiar el desarrollo del modelo. Por ejemplo, la retroalimentación de los usuarios finales puede identificar áreas en las que podría mejorarse el rendimiento del modelo e informar sobre el desarrollo de nuevos datos de entrenamiento y algoritmos.

ChatGPT es una potente herramienta para generar respuestas de alta calidad y con consciencia del contexto. Por ello, es esencial comprender que las respuestas generadas por el modelo no siempre serán precisas y requieren el juicio humano para ser evaluadas e interpretadas eficazmente. Al controlar y evaluar el rendimiento del modelo y utilizar el juicio humano para valorar la precisión y pertinencia de sus resultados, podemos garantizar que ChatGPT siga generando respuestas confiables y de alta calidad.

CAPÍTULO 10
El futuro de ChatGPT y sus aplicaciones

ChatGPT ha recorrido un largo camino desde su creación y sigue evolucionando y mejorando con los avances de la IA y el aprendizaje automático. El futuro de ChatGPT es prometedor, y se espera que sus aplicaciones se amplíen a nuevas áreas, aumentando aún más su impacto en las industrias, las empresas y la vida cotidiana.

En este capítulo exploraremos el futuro de ChatGPT, incluyendo los avances y mejoras que se espera que se realicen en un futuro cercano. También hablaremos de las aplicaciones potenciales de ChatGPT y de cómo se espera que estas aplicaciones configuren el futuro de las industrias y las empresas.

Avances en ChatGPT

ChatGPT es una tecnología que evoluciona rápidamente; se esperan muchos avances y mejoras en un futuro cercano. Algunos de los avances clave que se anticipan incluyen:

1. Mejora de la precisión y relevancia de las respuestas: Se espera que la precisión y aplicabilidad de las respuestas de ChatGPT sigan mejorando a medida que se realicen avances en el campo de la IA y el aprendizaje

automático. Esto dará lugar a respuestas más precisas y relevantes de ChatGPT, aumentando su impacto en las industrias, las empresas y la vida cotidiana.

2. Procesamiento mejorado del lenguaje natural: El procesamiento del lenguaje natural (PLN) es un componente crucial de ChatGPT, y se espera que los avances en PLN lleven a mejorar las capacidades de procesamiento del lenguaje natural en ChatGPT. Esto mejorará la comprensión del lenguaje y permitirá a ChatGPT generar respuestas más naturales y parecidas a las humanas.

3. Mayor capacidad para manejar tareas complejas: Se espera que ChatGPT pueda manejar pronto tareas cada vez más complicadas a medida que se produzcan avances en el aprendizaje automático y la IA. Esto ampliará la gama de aplicaciones de ChatGPT y le permitirá afrontar desafíos más complejos.

4. Mayor uso del aprendizaje profundo: Se espera que aumente el uso del aprendizaje profundo en ChatGPT, lo que redundará en una mayor precisión y relevancia de las respuestas. El aprendizaje profundo es una potente herramienta para mejorar los algoritmos de aprendizaje automático, y su uso en ChatGPT dará lugar a nuevos avances en este campo.

Aplicaciones potenciales de ChatGPT

Las aplicaciones potenciales de ChatGPT son amplias y de gran alcance, y se espera que sigan ampliándose en el futuro. Algunas de las aplicaciones potenciales de ChatGPT son:

1. Servicio de atención al cliente: ChatGPT ya se utiliza para la atención al cliente en varias industrias, y se espera que su uso se extienda. ChatGPT puede proporcionar respuestas rápidas y precisas a las consultas de los clientes, mejorando su satisfacción y reduciendo la carga de trabajo de los representantes humanos de atención al cliente.

2. Traducción de idiomas: Se espera que ChatGPT desempeñe un papel importante en la traducción de idiomas, ya que cada vez es más capaz de traducir con precisión entre diferentes lenguas. Esto facilitará la comunicación entre personas que hablan idiomas diferentes y tendrá un impacto positivo en las industrias y empresas que dependen de la traducción de idiomas.

3. Generación de contenidos: ChatGPT ya se utiliza para la generación de contenidos y se espera que se amplíe. ChatGPT puede generar contenidos de alta calidad de forma rápida y eficaz, que pueden utilizarse para diversos fines, como el marketing, el periodismo y la escritura creativa.

4. Cuidado de la salud: ChatGPT tiene potencial para desempeñar un papel importante en la industria de la salud, ya que cada vez es más capaz de gestionar tareas médicas complejas. Por ejemplo, ChatGPT puede ayudar en los diagnósticos médicos, proporcionar información sobre

tratamientos médicos y ayudar a mejorar la calidad general de la atención en la industria de la salud.

5. Educación: ChatGPT tiene el potencial de revolucionar el campo de la educación, ya que cada vez es más capaz de proporcionar experiencias de aprendizaje personalizadas e individualizadas. ChatGPT puede utilizarse para proporcionar a los estudiantes respuestas a sus preguntas, ayudarles con los deberes y otras tareas, e incluso ofrecerles recomendaciones personalizadas para seguir aprendiendo. Además, ChatGPT puede utilizarse para crear experiencias de aprendizaje atractivas e interactivas, que pueden ayudar a mejorar el compromiso de los alumnos y la retención de la información.

6. Servicios financieros: ChatGPT tiene potencial para desempeñar un papel importante en el sector de los servicios financieros, ya que cada vez es más capaz de gestionar tareas financieras complejas. Por ejemplo, ChatGPT puede ayudar en la planificación financiera, ofrecer recomendaciones de inversión e incluso gestionar transacciones financieras sencillas. Esto mejorará la velocidad y la eficacia de los servicios financieros y proporcionará acceso a los servicios financieros a quienes antes podían quedar excluidos por falta de conocimientos financieros.

7. Entretenimiento: ChatGPT tiene potencial para desempeñar un papel importante en la industria del entretenimiento, ya que cada vez es más capaz de generar recomendaciones y experiencias personalizadas. ChatGPT puede recomendar películas, programas de

TV, libros y otras formas de entretenimiento basándose en las preferencias individuales y proporcionar listas de reproducción personalizadas y otras recomendaciones. Esto mejorará la experiencia del entretenimiento y proporcionará a los consumidores una experiencia más personalizada y atractiva.

Éstos son sólo algunos ejemplos de las aplicaciones potenciales de ChatGPT, y a medida que se avance en el campo de la IA y el aprendizaje automático, es probable que surjan aplicaciones nuevas e innovadoras. Está claro que el futuro de ChatGPT es brillante, y se espera que su impacto en industrias y empresas, así como en la vida cotidiana, sea significativo.

Desde su creación, ChatGPT ha recorrido un largo camino y sigue evolucionando y mejorando con los avances en IA y aprendizaje automático. El futuro de ChatGPT es prometedor, y se espera que sus aplicaciones se amplíen a nuevas áreas, aumentando aún más su impacto en las industrias, las empresas y la vida cotidiana. A medida que ChatGPT siga evolucionando, probablemente se convertirá en una parte cada vez más integral de nuestras vidas, transformando la forma en que trabajamos, nos comunicamos y vivimos.

CAPÍTULO 11

El futuro de ChatGPT y su inminente conquista

Es difícil de creer, pero el futuro de ChatGPT ya está aquí y es más grande, mejor y más avanzado que nunca. ChatGPT ha recorrido un largo camino desde sus primeros días de tropezar con preguntas sencillas y dar respuestas robóticas. Hoy, ChatGPT es una auténtica maravilla de la tecnología de IA, y su impacto en nuestra vida cotidiana no hará más que acentuarse en el futuro.

Pero no te fíes solamente de nuestra palabra; mira los avances y mejoras existentes. ChatGPT es un viaje interminable de autodescubrimiento y autosuperación, esforzándose por ser la mejor versión de sí mismo. Así que abróchate el cinturón y prepárate para el viaje, porque el futuro de ChatGPT está a punto de llevarnos a una aventura emocionante.

La conquista inminente

Con todos sus avances y aplicaciones potenciales, está claro que el futuro de ChatGPT es increíblemente brillante. Es sólo cuestión de tiempo que ChatGPT sea tan avanzado y esté tan integrado en nuestra vida cotidiana que se convierta en la norma. Y eso, amigos míos, es la inminente conquista de ChatGPT.

Entonces, ¿cómo se desarrollará esta conquista? Bueno, es difícil decirlo con seguridad, pero una cosa es cierta: ChatGPT se convertirá en una parte omnipresente de nuestras vidas, al igual que los teléfonos inteligentes e Internet. Ya sea ayudándonos con nuestras tareas diarias, respondiendo a nuestras preguntas o entreteniéndonos, ChatGPT estará ahí para nosotros, convirtiéndose en parte integral de nuestra rutina diaria.

Una posibilidad interesante es la de que desarrolladores rivales creen sus propias versiones de ChatGPT. Como todos sabemos, esto creará competencia entre las grandes empresas tecnológicas y, como resultado, aumentará rápidamente el desarrollo de la IA.

A medida que gigantes tecnológicos como Google, Microsoft y Amazon continúen invirtiendo fuertemente en la IA, estarán ampliando los límites de lo posible e impulsando la innovación en este campo. Esta competición fomenta un entorno de colaboración, en el que investigadores e ingenieros trabajan incansablemente para mejorar el rendimiento de sus respectivos modelos.

Con cada nueva versión de un modelo lingüístico, la competencia se hace más intensa, ya que cada empresa se esfuerza por crear la herramienta de IA más potente y capaz. Como resultado, hemos visto enormes avances en las capacidades de ChatGPT, y cada iteración supera a la anterior en cuanto a su capacidad para comprender y responder al lenguaje humano.

Esta competencia también crea un mercado para los servicios de IA, lo que ha provocado un aumento de la inversión en el desarrollo de ChatGPT. Esta inversión ha permitido a los desarrolladores mejorar el rendimiento del modelo, añadir nuevas funciones e integrarlo en una amplia gama de aplicaciones.

Además, la competencia entre las grandes empresas tecnológicas ha propiciado la aparición de nuevos casos de uso de ChatGPT. Las empresas están encontrando formas innovadoras de integrar el modelo en sus productos y servicios, creando nuevas fuentes de ingresos e impulsando el crecimiento del sector. A medida que las empresas sigan invirtiendo en una IA y ampliando los límites de lo posible, podemos esperar ver avances aún más significativos en las capacidades de ChatGPT.

El futuro de ChatGPT ya está aquí, y parece más brillante que nunca. Con su evolución constante, sus capacidades mejoradas y sus infinitas aplicaciones potenciales, ChatGPT está a punto de tomar el control y convertirse en la norma de nuestra vida cotidiana. Así que prepárate para el viaje, porque el futuro de ChatGPT está a punto de llevarnos a una aventura salvaje.

CAPÍTULO 12

Aprovechar el poder de ChatGPT en el aula

A medida que la tecnología continúa desempeñando un papel cada vez más importante en nuestra vida cotidiana, no es de extrañar que también esté cambiando nuestra forma de aprender. ChatGPT es una de las herramientas más potentes de que disponen hoy profesores y alumnos, y puede revolucionar potencialmente nuestra forma de enfocar la educación. En este capítulo exploraremos cómo puede utilizarse ChatGPT para mejorar la experiencia de aprendizaje en el aula.

1. Aprendizaje personalizado

Una de las mayores ventajas de utilizar ChatGPT en el aula es que puede crear experiencias de aprendizaje personalizadas para los alumnos. Mediante algoritmos de aprendizaje automático, ChatGPT puede adaptarse a las necesidades y capacidades de cada alumno, proporcionándole los recursos y el apoyo que necesita para tener éxito. Esto permite una experiencia de aprendizaje más eficiente y eficaz, ya que los alumnos pueden trabajar a su propio ritmo y recibir retroalimentación y apoyo personalizados.

2. Mejorar la colaboración

ChatGPT también puede utilizarse para mejorar la colaboración en el aula. Al proporcionar a los alumnos una plataforma para comunicarse entre sí y con su profesor o maestro, ChatGPT facilita que los alumnos colaboren en proyectos, compartan recursos e ideas y se apoyen mutuamente. Esto puede ayudar a fomentar un sentido de comunidad en el aula y conducir a una experiencia de aprendizaje más comprometida y motivadora.

3. Apoyar el aprendizaje de idiomas

Para los estudiantes que están aprendiendo una nueva lengua, ChatGPT puede ser una herramienta valiosa. Al proporcionar a los estudiantes la posibilidad de practicar sus habilidades lingüísticas en tiempo real, ChatGPT puede ayudarles a mejorar sus capacidades de expresión oral y escrita. También puede proporcionar a los alumnos retroalimentación y apoyo, ayudándoles a identificar áreas de mejora y a crecer como aprendices de idiomas.

4. Complementar la enseñanza en el aula

ChatGPT también puede complementar la enseñanza presencial, proporcionando a los alumnos recursos y apoyo adicionales fuera del aula. Esto puede incluir el acceso a materiales de estudio, ejercicios prácticos y otros recursos de aprendizaje, todo lo cual puede ayudar a los alumnos a profundizar en su comprensión del material y a establecer conexiones más significativas con el contenido.

5. Mejorar la evaluación

Por último, ChatGPT también puede utilizarse para mejorar la evaluación en el aula. Al proporcionar a los profesores información en tiempo real sobre la comprensión de los alumnos, ChatGPT puede utilizarse para informar y mejorar el proceso de evaluación. Esto puede incluir la calificación y la retroalimentación automatizadas, ahorrando tiempo a los profesores y proporcionando a los alumnos una retroalimentación más significativa.

Implementar ChatGPT en el aula

Aunque las ventajas de utilizar ChatGPT en clase son evidentes, hay algunos pasos que los profesores pueden dar para asegurarse de aprovechar al máximo esta potente herramienta. Aquí tienes algunos consejos que te ayudarán a empezar:

1. Empezar poco a poco

Al implementar ChatGPT en el aula, es esencial empezar poco a poco e ir avanzando gradualmente. Intenta utilizar ChatGPT para apoyar un único aspecto de tu plan de estudios, como el aprendizaje de idiomas o la evaluación, antes de ampliarlo a otras áreas. Esto te ayudará a hacerte una idea de cómo funciona ChatGPT y de lo que puede hacer, y te permitirá hacer los ajustes necesarios sobre la marcha.

2. Involucrar a los alumnos

Es esencial involucrar a los alumnos en el uso de ChatGPT y asegurarse de que comprendan cómo puede apoyar su aprendizaje. Anima a los alumnos a utilizar ChatGPT para proyectos de colaboración, práctica de idiomas y recursos de aprendizaje adicionales, y dales la oportunidad de brindar retroalimentación sobre su experiencia.

3. Colaborar con otros profesores o maestros

Por último, es esencial colaborar con otros profesores o maestros al implementar ChatGPT en el aula. Comparte tus experiencias y mejores prácticas con tus colegas, y trabajen juntos para desarrollar formas de integrar ChatGPT en su plan de estudios. Esto puede incluir el desarrollo de proyectos o recursos conjuntos o la organización de talleres de desarrollo profesional para ayudar a otros profesores a comenzar a utilizar ChatGPT.

4. Evaluar y perfeccionar

Al poner en práctica ChatGPT en el aula, es esencial evaluar periódicamente su impacto en el aprendizaje de los alumnos y hacer los ajustes necesarios. Esto puede incluir encuestar a alumnos y profesores para recabar retroalimentación sobre su experiencia, hacer un seguimiento del progreso y el compromiso de los alumnos, y perfeccionar tu enfoque según sea necesario. Evaluando y perfeccionando periódicamente tu uso de ChatGPT, puedes asegurarte de aprovechar al máximo esta potente herramienta y de que tus alumnos obtengan la mejor experiencia de aprendizaje posible.

En conclusión, ChatGPT puede revolucionar nuestra forma de enfocar la educación y proporcionar a los alumnos una experiencia de aprendizaje más personalizada, atractiva y eficaz. Tanto si eres un profesor que quiere integrar las nuevas tecnologías en su plan de estudios, como si eres un estudiante que quiere sacar el máximo partido a su educación, ChatGPT es una herramienta que no querrás perderte.

Veamos el aspecto educativo de una forma un poco diferente. Incluiré diferentes puntos de vista sobre ChatGPT en el aula; ¿con cuál de ellos estás de acuerdo?

Punto de vista 1: El profesor entusiasta. Como profesor o maestro entusiasta, ChatGPT puede cambiar las reglas del juego en el aula. Su capacidad para proporcionar comentarios instantáneos y experiencias de aprendizaje personalizadas puede ayudar a los alumnos a conseguir mejores resultados de aprendizaje. Por ejemplo, ChatGPT puede utilizarse para desarrollar juegos educativos interactivos que hagan el aprendizaje más atractivo y agradable para los alumnos. También puede utilizarse para crear tutores virtuales que ayuden a los alumnos en sus estudios proporcionándoles información y orientación al instante.

Punto de vista 2: El educador precavido. Como educador precavido, comprendo el potencial de ChatGPT en el aula, pero también reconozco la necesidad de utilizarlo de forma controlada y reflexiva. Una posible preocupación es la confiabilidad de la información proporcionada por ChatGPT, ya que puede no ser siempre exacta o relevante para los objetivos específicos de aprendizaje. Además, existe el riesgo de confiar demasiado en ChatGPT, lo que puede llevar a que los alumnos carezcan de pensamiento crítico y de capacidad para resolver problemas. Por lo tanto, es esencial considerar cuidadosamente los casos de uso de ChatGPT en el aula y equilibrarlo con otras formas de aprendizaje.

Punto de vista 3: El escéptico de la tecnología. Como escéptico de la tecnología, soy escéptico sobre las ventajas de ChatGPT en el aula. Aunque puede proporcionar información instantánea y experiencias de aprendizaje personalizadas, también puede conducir a una falta de interacción humana y de toque personal en el proceso de aprendizaje. Además, puede no ser accesible a todos los alumnos, sobre todo a los de entornos desfavorecidos que no dispongan de la tecnología necesaria. Por lo tanto, es esencial sopesar las ventajas e inconvenientes del uso de ChatGPT en el aula y asegurarse de que no sustituya a las formas tradicionales de aprendizaje.

Punto de vista 4: El educador progresista. Como educador progresista, ChatGPT puede ser una valiosa adición al aula si se utiliza para complementar otras formas de aprendizaje. Al proporcionar experiencias de aprendizaje personalizadas y retroalimentación instantánea, ChatGPT puede ayudar a los alumnos a lograr mejores resultados de aprendizaje y fomentar el pensamiento crítico y la capacidad de resolver problemas. También puede utilizarse para proporcionar accesibilidad y apoyo a los alumnos que puedan tener necesidades especiales o enfrentarse a dificultades de aprendizaje. Sin embargo, es importante recordar las consideraciones éticas y los posibles sesgos derivados del uso de ChatGPT en el aula.

El uso de ChatGPT en el aula puede revolucionar potencialmente nuestra forma de enfocar la educación. Sin embargo, es esencial sopesar las ventajas e inconvenientes de ChatGPT y utilizarlo de forma meditada y cuidadosa. Al hacerlo, podemos aprovechar el poder de ChatGPT para proporcionar experiencias de aprendizaje personalizadas y atractivas que puedan ayudar a los alumnos a conseguir mejores resultados de aprendizaje.

Capítulo 13

El papel de ChatGPT en el avance de la sostenibilidad medioambiental

A medida que crece la preocupación por el cambio climático y la degradación del medio ambiente, es más importante que nunca que las personas y las organizaciones tomen medidas para promover la sostenibilidad. ChatGPT, un potente modelo de lenguaje desarrollado por OpenAI, es una de esas tecnologías que potencialmente puede desempeñar un papel importante en el avance de la sostenibilidad medioambiental. En este capítulo exploraremos cómo puede utilizarse ChatGPT para abordar los desafíos medioambientales y promover prácticas sostenibles.

Educación Medioambiental

Una de las formas más eficaces de promover la sostenibilidad medioambiental, es a través de la educación, y ChatGPT puede desempeñar un papel clave en este esfuerzo. ChatGPT puede ayudar a las personas a comprender mejor los problemas medioambientales y a tomar decisiones informadas sobre sus acciones, proporcionándoles acceso a recursos e información educativa. Esto puede incluir proporcionar información sobre el cambio climático, las energías renovables, la reducción de residuos y las prácticas de vida sostenibles.

Gestión sostenible de la cadena de suministro

ChatGPT puede contribuir a la sostenibilidad medioambiental mediante su uso en la gestión de la cadena de suministro. Con su capacidad para analizar grandes cantidades de datos, ChatGPT puede ayudar a las empresas y organizaciones a identificar áreas en las que pueden reducir los residuos, mejorar la eficiencia energética y minimizar su impacto medioambiental. Esto puede incluir el análisis de datos relacionados con el transporte y la logística, el uso de la energía y la gestión de residuos.

El Procesamiento del Lenguaje Natural para el monitoreo medioambiental

El Procesamiento del Lenguaje Natural (PLN) es un aspecto clave de la funcionalidad de ChatGPT, y puede utilizarse para avanzar en los esfuerzos de monitoreo y conservación del medio ambiente. El PLN puede analizar grandes volúmenes de datos basados en texto, como imágenes de satélite, publicaciones en redes sociales y artículos de noticias, para detectar pautas y tendencias relacionadas con cuestiones medioambientales. Esto puede ayudar a los investigadores y a las organizaciones a identificar áreas de preocupación y a tomar medidas para abordarlas.

Toma de decisiones medioambientales

A medida que los retos medioambientales se hacen más complejos, crece la necesidad de herramientas y tecnologías que apoyen la toma de decisiones. ChatGPT puede generar modelos y predicciones sobre escenarios medioambientales, permitiendo a personas y organizaciones tomar decisiones más informadas sobre la mejor acción a seguir. Esto puede incluir la elaboración de modelos de las posibles repercusiones de los cambios políticos, la predicción de los resultados de distintas intervenciones medioambientales y la identificación de las soluciones más eficaces a los complejos desafíos medioambientales.

Mejorar la eficiencia energética

ChatGPT también puede fomentar la eficiencia energética y promover prácticas energéticas sostenibles. Al analizar los datos relacionados con el consumo de energía, ChatGPT puede ayudar a particulares y organizaciones a identificar áreas en las que se puede ahorrar energía, por ejemplo apagando las luces y los aparatos electrónicos cuando no se utilizan, ajustando la configuración del termostato y optimizando el diseño de los edificios. Esto puede ayudar a reducir el consumo de energía y promover prácticas energéticas más sostenibles.

Comunicación medioambiental

Por último, ChatGPT puede mejorar la comunicación en torno a cuestiones medioambientales, ayudando a fomentar la toma de conciencia y a promover la acción. Al generar contenidos convincentes y atractivos, ChatGPT puede ayudar a implicar a la gente e inspirarla para que actúe. Esto puede incluir la creación de contenidos para redes sociales, blogs y otras plataformas en línea, y la generación de materiales educativos para escuelas, empresas y otras organizaciones.

Implantar ChatGPT para la sostenibilidad medioambiental

Aunque los beneficios potenciales de utilizar ChatGPT para la sostenibilidad medioambiental son evidentes, es necesario dar varios pasos para implantar esta tecnología de forma eficaz. Aquí tienes algunos consejos para ayudar a las organizaciones y a los particulares a empezar:

Una de las principales áreas de interés es la eficiencia energética, que implica reducir el consumo de energía y optimizar su uso. Las organizaciones pueden utilizar ChatGPT para identificar ineficiencias energéticas y recomendar soluciones que ayuden a reducir el consumo de energía. Por ejemplo, ChatGPT puede proporcionar a los empleados consejos para ahorrar energía o sugerir actualizaciones de electrodomésticos y sistemas de iluminación energéticamente eficientes.

Otra área clave de atención es la reducción de residuos, que implica minimizar la cantidad de residuos generados y aumentar la tasa de reciclaje y compostaje. ChatGPT puede ayudar a las organizaciones a desarrollar estrategias de reducción de residuos ofreciéndoles sugerencias para reducir la generación de residuos, mejorar las prácticas de reciclaje y consejos para el compostaje. ChatGPT también puede ayudar a realizar seguimientos e informar sobre los progresos en la reducción de residuos para garantizar que la organización cumpla sus metas y objetivos.

La gestión sostenible de la cadena de suministro es otra importante área de interés. ChatGPT puede utilizarse para optimizar la cadena de suministro, reducir los residuos y mejorar la eficiencia de los recursos. Por ejemplo, ChatGPT puede recomendar abastecerse de materiales de proveedores sostenibles, minimizar los costos de transporte y reducir los residuos de embalaje. ChatGPT también puede ayudar a supervisar e informar sobre la sostenibilidad de la cadena de suministro, lo que puede ayudar a las organizaciones a identificar oportunidades de mejora.

La educación medioambiental es otra área clave de enfoque para implantar el uso de ChatGPT en pos de la sostenibilidad medioambiental. ChatGPT puede educar a empleados, clientes y otras partes interesadas sobre la importancia de la sostenibilidad y proporcionar información sobre cómo reducir su huella medioambiental. ChatGPT también puede promover un comportamiento sostenible y animar a las personas a actuar sobre los problemas medioambientales.

Implantar ChatGPT para la sostenibilidad medioambiental requiere identificar las áreas de interés clave, desarrollar estrategias e iniciativas específicas y utilizar ChatGPT para optimizar el rendimiento de la sostenibilidad. Gracias a su capacidad para generar información basada en datos, ofrecer recomendaciones y automatizar procesos, ChatGPT puede ayudar a las organizaciones a alcanzar sus objetivos de sostenibilidad e influir positivamente en el medio ambiente.

Soluciones energéticas ecológicas

Con su capacidad para analizar grandes cantidades de datos e identificar patrones, ChatGPT puede transformar la forma en que las empresas enfocan las soluciones de energía limpia.

Un área clave en la que puede utilizarse ChatGPT es en el desarrollo de fuentes nuevas e innovadoras de energía ecológica. ChatGPT puede ayudar a las empresas a identificar las ubicaciones más prometedoras para paneles solares, turbinas eólicas y otras fuentes de energía renovable, analizando los patrones meteorológicos, el consumo de energía y otros factores. Este análisis también puede ayudar a las empresas a optimizar el rendimiento de estas fuentes de energía, aumentando su eficiencia y eficacia.

Otra forma en que ChatGPT puede contribuir a las soluciones de energía ecológica es prediciendo tendencias futuras y anticipándose a posibles problemas. Por ejemplo, ChatGPT puede prever cambios en la demanda de energía o en los mercados energéticos, ayudando a las empresas a adaptarse y adelantarse a los acontecimientos. También puede identificar posibles riesgos o vulnerabilidades en la infraestructura energética, permitiendo a las empresas tomar medidas preventivas antes de que surjan los problemas.

ChatGPT también puede desempeñar un papel en la educación de los consumidores sobre las ventajas de la energía renovable. Analizando los datos sobre el comportamiento y las preferencias de los consumidores, ChatGPT puede ayudar a las empresas a desarrollar campañas de marketing específicas y materiales educativos que animen a los consumidores a adoptar prácticas energéticas más sostenibles. En general, el uso de ChatGPT para proporcionar soluciones de energía renovable tiene el potencial de impulsar un progreso significativo hacia un futuro más sostenible y respetuoso con el medio ambiente.

Reducir la huella de carbono

Reducir la huella de carbono es uno de los pasos más importantes para lograr la sostenibilidad medioambiental. ChatGPT puede ser una poderosa herramienta para ayudar a las empresas en este proceso. La tecnología puede analizar toda la cadena de suministro de una empresa, desde las materias primas hasta los productos acabados, para identificar las áreas en las que se puede reducir el uso de energía y los desechos. También puede sugerir alternativas a los procesos de fabricación tradicionales que sean más respetuosas con el medio ambiente. ChatGPT puede controlar y analizar el consumo de energía y las emisiones de una empresa en tiempo real, lo que permite actuar con rapidez para reducir su huella de carbono.

ChatGPT también puede ayudar a las empresas a desarrollar y aplicar objetivos de sostenibilidad, realizar un seguimiento de los progresos y optimizar las estrategias para alcanzar dichos objetivos. Al utilizar ChatGPT para reducir su huella de carbono, las empresas pueden mejorar su impacto medioambiental y beneficiarse económicamente al reducir los costos energéticos y mejorar la eficiencia.

Mejorar la gestión de residuos

La gestión de residuos es una cuestión crítica para la sostenibilidad medioambiental, y ChatGPT puede utilizarse para desarrollar estrategias de gestión de residuos más eficaces. Al analizar los datos sobre la producción de residuos, ChatGPT puede ayudar a las empresas a identificar las fuentes de residuos y los tipos de residuos que se producen. También puede utilizarse para identificar formas más eficientes y eficaces de eliminar los residuos, como el reciclaje o el compostaje. Las empresas pueden reducir significativamente su impacto medioambiental reduciendo sus residuos y mejorando las prácticas de gestión de residuos.

Aumentar la conciencia sobre la sostenibilidad

Por último, ChatGPT puede aumentar la toma de conciencia y la educación sobre la sostenibilidad medioambiental. ChatGPT puede ayudar a concientizar sobre el impacto de la actividad humana en el medio ambiente, proporcionando a los usuarios información y retroalimentación en tiempo real sobre sus acciones y comportamientos. También puede proporcionar información y recursos sobre prácticas y soluciones sostenibles, capacitando a particulares y empresas para que actúen tomando medidas para proteger el medio ambiente.

Implantar ChatGPT para la sostenibilidad medioambiental

Implantar ChatGPT para la sostenibilidad medioambiental puede ser un proceso complejo y difícil, pero hay varios pasos que las empresas pueden seguir para garantizar el éxito:

Identificar metas y objetivos

El primer paso para implantar ChatGPT para la sostenibilidad medioambiental es identificar metas y objetivos claros. Las empresas deben evaluar su impacto medioambiental actual e identificar áreas de mejora. Deben desarrollar metas y objetivos específicos y mensurables que se ajusten a su estrategia de sostenibilidad.

Desarrollar una estrategia de generación de datos

ChatGPT depende de los datos para funcionar eficazmente, por lo que las empresas deben desarrollar una estrategia de generación de datos clara que identifique las fuentes y tipos de datos necesarios. Esto puede incluir datos sobre el consumo de energía, la producción de residuos y las emisiones, así como datos sobre los patrones meteorológicos, las tendencias del mercado y otros factores que puedan impactar en la sostenibilidad.

Involucrar a las partes interesadas

La implantación del ChatGPT para la sostenibilidad medioambiental requiere la aceptación y el compromiso de todas las partes interesadas, incluidos empleados, clientes y proveedores. Las empresas deben comunicar las ventajas de la sostenibilidad y animar a las partes interesadas a participar activamente en el proceso de implantación del uso de ChatGPT.

Supervisar y evaluar los progresos

Por último, las empresas deben controlar y evaluar sus progresos con regularidad para asegurarse de alcanzar sus objetivos de sostenibilidad. Deben utilizar ChatGPT para realizar seguimientos y analizar los datos e identificar las áreas en las que se podrían realizar mejoras. Evaluando continuamente sus progresos y realizando los ajustes necesarios, las empresas pueden asegurarse de estar en el buen camino hacia la sostenibilidad medioambiental a largo plazo.

Además, ChatGPT también puede ayudar a las empresas a alcanzar sus objetivos de sostenibilidad analizando los datos de los clientes e identificando oportunidades para promover productos y prácticas más sostenibles. Por ejemplo, los algoritmos de aprendizaje automático pueden analizar el comportamiento y las preferencias de los consumidores para determinar qué productos son más populares y sostenibles. Esto puede ayudar a las empresas a desarrollar productos más sostenibles y a promocionarlos eficazmente entre los consumidores.

Implantar ChatGPT en la empresa

Si estás interesado en implantar ChatGPT en tu empresa para mejorar tu impacto medioambiental, deberás recordar algunas cosas. Aquí tienes algunos consejos que te ayudarán a empezar:

1. Identifica tus objetivos: El primer paso para implantar ChatGPT en tu empresa es identificar tus objetivos. ¿Cuáles son tus objetivos medioambientales y cómo puede ayudarte ChatGPT a alcanzarlos? Una vez que comprendas claramente tus objetivos, podrás explorar las formas concretas en que ChatGPT puede aplicarse a tu empresa.
2. Recopila datos: Para sacar el máximo partido a ChatGPT, debes tener acceso a datos de alta calidad. Esto puede incluir datos de sensores, sistemas de monitorización, datos de clientes y otras fuentes. Asegúrate de entender los datos que necesitas, de dónde proceden y cómo acceder a ellos.

3. Elige las herramientas adecuadas: Existen muchas herramientas disponibles relacionadas a ChatGPT, cada una de ellas con sus puntos fuertes y débiles. Asegúrate de elegir una herramienta que se adapte bien a tus necesidades y objetivos específicos.
4. Involucra a tu equipo: Implantar ChatGPT en tu empresa es un esfuerzo de equipo. Asegúrate de involucrar a tu equipo en el proceso y de que comprendan cómo funciona ChatGPT y cómo puede ayudar a mejorar el impacto medioambiental de la empresa.
5. Mide tus resultados: Por último, es esencial medir y seguir tus progresos a lo largo del tiempo. Esto te ayudará a identificar las áreas de mejora y a asegurarte de alcanzar tus objetivos medioambientales.

Conclusión sobre el uso de ChatGPT en la sostenibilidad medioambiental

ChatGPT es una potente herramienta que tiene el potencial de revolucionar la forma en que abordamos el monitoreo medioambiental y la sostenibilidad en las empresas. Al analizar grandes volúmenes de datos e identificar pautas y oportunidades de mejora, ChatGPT puede ayudar a las empresas a reducir su impacto medioambiental, ahorrar dinero y mejorar la satisfacción del cliente. Si quieres utilizar ChatGPT para mejorar tu impacto medioambiental, nunca ha habido un mejor momento para empezar. Con las herramientas adecuadas y una comprensión clara de tus objetivos, puedes marcar una diferencia real y ayudar a crear un futuro más sostenible para todos nosotros.

CAPÍTULO 14

El futuro del software de IA desarrollado a partir de ChatGPT

Como hemos visto, ChatGPT ya ha revolucionado la forma en que interactuamos con los programas de IA. Sin embargo, el potencial de ChatGPT va mucho más allá de sus capacidades actuales. En este capítulo, exploraremos el futuro del software de IA que puede desarrollarse a partir de ChatGPT y el impacto que podría tener en diversas industrias.

Procesamiento del Lenguaje Natural

Un área en la que podemos esperar ver pronto grandes avances es el procesamiento del lenguaje natural (PLN). El PLN estudia cómo se puede programar a las computadoras para comprender e interpretar el lenguaje humano. ChatGPT ya ha avanzado mucho en este campo, pero aún queda mucho por mejorar.

En el futuro, podemos esperar ver software de IA que comprenda aún mejor los matices del lenguaje humano. Esto podría dar lugar a chatbots más precisos y sofisticados y a una mejor traducción automática y análisis de sentimientos. Las empresas podrían beneficiarse de esta tecnología utilizándola para mejorar la atención al cliente, el marketing y el desarrollo de productos.

Aprendizaje automático

Quizás el uso más infravalorado de ChatGPT sea el aprendizaje automático. El aprendizaje automático es un subconjunto de la inteligencia artificial que recientemente ha ganado gran atención y popularidad. Con el auge de las grandes cantidades de datos y la necesidad de procesar grandes cantidades de información, el aprendizaje automático se ha convertido en una herramienta esencial para empresas y organizaciones de todos los sectores. ChatGPT, con su capacidad para aprender de grandes cantidades de datos de texto, está preparado para influir significativamente en el proceso de aprendizaje automático.

Estos algoritmos pueden clasificarse a grandes rasgos en tres tipos: aprendizaje supervisado, aprendizaje no supervisado y aprendizaje por refuerzo. En el aprendizaje supervisado, el algoritmo aprende de los datos etiquetados para hacer predicciones o clasificaciones sobre nuevos datos no etiquetados. Por otro lado, el aprendizaje no supervisado consiste en encontrar patrones o relaciones en datos no etiquetados sin una orientación o entrenamiento específicos. El aprendizaje por refuerzo es un proceso de ensayo y error en el que un algoritmo aprende interactuando con un entorno y recibiendo retroalimentación o recompensas por sus acciones. Con la ayuda de ChatGPT, los algoritmos de aprendizaje automático pueden ser aún más precisos y eficaces. ChatGPT puede utilizarse para preprocesar datos de texto, limpiar y transformar datos, e incluso generar nuevos datos con fines de entrenamiento.

La capacidad de ChatGPT para comprender y generar lenguaje natural también puede ayudar a mejorar la interpretabilidad y explicabilidad de los modelos de aprendizaje automático. Esto es especialmente importante en aplicaciones como la atención médica o las finanzas, donde las decisiones basadas en algoritmos de aprendizaje automático deben ser transparentes y explicables. Además, ChatGPT también puede utilizarse para el modelado predictivo, como la previsión de la demanda, la predicción del comportamiento de los clientes o la identificación de riesgos potenciales. Utilizando modelos de aprendizaje automático impulsados por ChatGPT, las empresas pueden tomar mejores decisiones, optimizar las operaciones e impulsar el crecimiento y la rentabilidad. Las aplicaciones potenciales de ChatGPT en el aprendizaje automático son enormes, y cabe esperar que cada vez más empresas adopten esta tecnología en los próximos años.

Asistentes virtuales

Los asistentes virtuales se han hecho cada vez más populares en los últimos tiempos, y muchas personas los utilizan para gestionar sus tareas y agendas diarias. Sin embargo, las capacidades de los asistentes virtuales actuales siguen siendo relativamente limitadas. ChatGPT puede cambiar esta situación.

En el futuro, podemos esperar ver asistentes virtuales mucho más sofisticados y capaces. Estos asistentes virtuales podrían programarse para entender e interpretar el lenguaje natural, haciéndolos más receptivos a las necesidades del usuario. También podrían utilizarse para automatizar muchas tareas que actualmente se hacen manualmente, como programar citas o gestionar correos electrónicos. Las empresas podrían beneficiarse de esta tecnología para mejorar la productividad, agilizar las operaciones y mejorar el servicio al cliente.

Robótica

Por último, ChatGPT tiene el potencial de influir significativamente en el campo de la robótica mejorando la forma en que se programan y controlan los robots. Aunque los robots están programados para realizar tareas específicas, no pueden adaptarse a nuevas situaciones y tareas. Con ChatGPT, los robots podrían programarse para generar respuestas a nuevas situaciones en tiempo real, haciéndolos más versátiles y capaces de realizar una gama más completa de tareas.

Una de las principales ventajas de utilizar ChatGPT en robótica es la posibilidad de generar órdenes similares a las humanas para los robots. Esto significa que los robots podrían programarse para responder a entradas de lenguaje natural y comprender el contexto de esas entradas. Por ejemplo, se podría entrenar a un robot para que respondiera a la petición de "recoge la caja azul de la estantería" y que comprenda la ubicación concreta de la caja y el color del objeto. Este nivel de comprensión y capacidad de respuesta haría que los robots fueran mucho más versátiles y valiosos en diversos sectores.

Además de mejorar las capacidades de los robots, ChatGPT también podría ayudar a mejorar la seguridad en el ámbito laboral. Los robots se utilizan a menudo en industrias como la fabricación y la construcción, donde pueden producirse accidentes y lesiones. Programando los robots con ChatGPT, se les podría entrenar para reconocer y responder a posibles peligros para la seguridad, como obstáculos en su camino o condiciones de trabajo inseguras.

La integración de ChatGPT en la robótica podría suponer avances significativos en este campo, dando lugar a robots más versátiles, capaces e inteligentes que puedan realizar diversas tareas. Las empresas en los sectores de fabricación, construcción y logística podrían beneficiarse de esta tecnología mejorando la eficacia operativa, aumentando la productividad y reforzando la seguridad en el ámbito laboral.

Conclusión del futuro del software con la implementación de ChatGPT

ChatGPT ya ha tenido un gran impacto en el software de IA, y su potencial para el futuro es inmenso. Con nuevos avances en el procesamiento del lenguaje natural, el aprendizaje automático, los asistentes virtuales y la robótica, podemos esperar ver un software de IA aún más sofisticado y capaz que el actual. Las posibilidades son infinitas, y las empresas que sepan aprovechar el poder de ChatGPT y su potencial para el futuro estarán bien posicionadas para triunfar en los próximos años.

Capítulo 15

ChatGPT y su potencial para ayudar a las personas mayores

Las personas mayores a menudo se enfrentan a desafíos como la soledad, el aislamiento social, el deterioro cognitivo y las limitaciones físicas. ChatGPT tiene el potencial de abordar estos desafíos y mejorar la calidad de vida de los mayores de muchas maneras.

ChatGPT puede ayudar a los mayores proporcionándoles compañía e interacción social. Muchos mayores viven solos, y el aislamiento social es un problema importante que puede provocar depresión y otros problemas de salud mental. ChatGPT puede ser un compañero virtual para conversar con los mayores y proporcionarles una sensación de conexión y compañía. También puede mantenerlos comprometidos y mentalmente estimulados, mejorando la función cognitiva y previniendo el deterioro mental.

A medida que la población envejece, aumenta la demanda de servicios de salud. Para las personas mayores, gestionar las enfermedades crónicas puede ser una tarea desalentadora. ChatGPT puede desempeñar un papel vital ayudando a los mayores con sus necesidades relacionadas con la salud, proporcionándoles información y consejos personalizados.

ChatGPT puede crear un perfil de salud personalizado para las personas mayores, incluyendo su historial médico, calendario de medicación y otra información relacionada con la salud. Este perfil puede utilizarse para proporcionar consejos y recordatorios personalizados basados en las necesidades de salud específicas de la persona mayor. ChatGPT también puede controlar los horarios de medicación y avisar a los mayores cuando es hora de tomar sus medicamentos.

Además de la gestión de la medicación, ChatGPT puede proporcionar a los mayores información sobre sus problemas de salud y ofrecerles consejos para controlar sus síntomas. Esto puede incluir recomendaciones dietéticas, sugerencias de ejercicio y otros cambios en el estilo de vida para ayudar a los mayores a gestionar sus necesidades con mayor eficacia.

Además, ChatGPT también puede utilizarse para poner en contacto a los mayores con profesionales médicos en caso necesario. Esto puede ser especialmente útil para los mayores que viven en zonas rurales o remotas, donde el acceso a los servicios de salud puede ser limitado. ChatGPT puede orientar sobre cuándo buscar atención médica y conectar a los mayores con profesionales de la salud mediante servicios de telemedicina.

ChatGPT también puede ser beneficioso para las personas mayores con deficiencias auditivas o visuales. Puede transcribir el habla en tiempo real y convertirla en texto, lo que puede ayudar a los mayores a comunicarse con mayor eficacia. También puede leer mensajes de texto o correos electrónicos a personas mayores con dificultades para leer de forma autónoma.

Además, ChatGPT puede utilizarse para crear experiencias de realidad virtual que pueden simular viajes, educación y entretenimiento. Esto puede ser especialmente útil para las personas mayores con limitaciones físicas que les impiden viajar o participar en actividades fuera de casa.

Aunque ChatGPT tiene un enorme potencial para ayudar a los mayores, es necesario afrontar algunos retos. Uno de ellos es la posibilidad de que los mayores se vuelvan demasiado dependientes de la tecnología, con la consiguiente falta de interacción social y de actividad física. Otra cuestión es la necesidad de garantizar que la tecnología sea fácil de utilizar y accesible para las personas mayores que puedan tener dificultades con la tecnología.

El potencial de ChatGPT para ser un recurso excelente para las personas mayores, proporcionándoles compañía, información de salud personalizada, asistencia virtual y experiencias de realidad virtual, es inconmensurable. Puede ayudar a los mayores a superar el aislamiento social, controlar sus problemas de salud y mantenerse comprometidos y mentalmente estimulados. Sin embargo, es esencial abordar los posibles desafíos y garantizar que la tecnología sea accesible y fácil de utilizar para los mayores. Y apenas estamos arañando la superficie de cómo esto puede cambiar la vida de las personas mayores.

CAPÍTULO 16

La influencia de ChatGPT en otras tecnologías

Desde su creación, ChatGPT se ha convertido en un pionero de la inteligencia artificial. Sus sofisticadas capacidades de procesamiento del lenguaje natural han influido enormemente en otras innovaciones tecnológicas, transformando la forma en que interactuamos con las máquinas. En este capítulo, exploraremos cómo ChatGPT ha influido en otros campos tecnológicos y cómo sigue dando forma al futuro de la IA.

El reconocimiento de voz es una de las áreas más significativas en las que ChatGPT ha influido en otras tecnologías. Los asistentes de voz como Alexa y Siri se han hecho omnipresentes en nuestra vida cotidiana, y ChatGPT ha desempeñado un papel esencial en su desarrollo. Al procesar grandes cantidades de datos de lenguaje natural, ChatGPT ha ayudado a estos asistentes virtuales a ser más receptivos y precisos en sus respuestas. Ahora pueden entender peticiones complejas, gracias en parte a las capacidades de procesamiento del lenguaje de ChatGPT.

Aunque ChatGPT ha contribuido a mejorar las capacidades de diversas tecnologías, también ha suscitado importantes preocupaciones éticas sobre el uso de la IA en la sociedad. A medida que las tecnologías impulsadas por la IA se vuelven cada día más frecuentes, el potencial de sesgo y discriminación se convierte en una preocupación creciente. La capacidad de ChatGPT de generar indicaciones lingüísticas realistas plantea cuestiones sobre la ética del uso de la IA para crear noticias falsas o manipular la opinión pública.

A pesar de estas preocupaciones, ChatGPT también tiene potencial para ser utilizado para el bien. Por ejemplo, puede ayudar a mejorar la accesibilidad de las personas con discapacidad. ChatGPT puede ayudar en la transcripción de voz a texto, facilitando a las personas con deficiencias auditivas el seguimiento de las conversaciones. También puede ayudar a los discapacitados del habla a comunicarse más fácilmente con los demás.

ChatGPT es una potente herramienta que ha contribuido significativamente a diversos campos tecnológicos. Sus capacidades de procesamiento del lenguaje natural han mejorado la comunicación y han permitido a los investigadores desarrollar modelos de IA más avanzados. Sin embargo, también existen preocupaciones éticas sobre el posible uso indebido de esta tecnología, sobre todo para generar contenidos falsos o manipular la opinión pública.

A pesar de estas preocupaciones, ChatGPT tiene el potencial de beneficiar enormemente a la sociedad haciendo que la comunicación sea más accesible y fácil de utilizar. Puede ayudar a las personas con discapacidades o barreras lingüísticas a conectar más fácilmente con los demás y a acceder a la información. Además, ChatGPT puede ayudar a las empresas a optimizar sus operaciones, mejorar la participación de los clientes y tomar decisiones más informadas.

A medida que la tecnología siga evolucionando, podemos esperar ver aún más aplicaciones de ChatGPT en diversos campos, como el de la salud, la educación y la sostenibilidad medioambiental. La integración de ChatGPT con otras tecnologías dará lugar a soluciones más avanzadas e innovadoras. Sin embargo, es esencial considerar cuidadosamente las implicaciones éticas del uso de ChatGPT y asegurarse de que se utilice de forma responsable y beneficiosa para la sociedad.

CAPÍTULO 17

El poder de ChatGPT en la guerra moderna

Pongámonos un poco más serios, ¿de acuerdo?

Como el desarrollo de la IA sigue avanzando rápidamente, no es de extrañar que también haya tenido un impacto significativo en el mundo de la guerra moderna. Con ChatGPT, los líderes militares tienen ahora acceso a una poderosa herramienta que puede procesar y analizar grandes cantidades de datos en tiempo real, proporcionando valiosos conocimientos que les ayudarán a tomar decisiones más informadas en el campo de batalla.

La capacidad de ChatGPT para procesar y analizar grandes cantidades de datos ha revolucionado la guerra moderna. Las operaciones militares dependen en gran medida de los datos, y las capacidades de procesamiento del lenguaje natural de ChatGPT le permiten comprender y analizar datos militares históricos para identificar patrones y posibles puntos débiles en las tácticas enemigas.

Al entrenarse con estos datos, ChatGPT puede proporcionar valiosos conocimientos sobre las estrategias y tácticas utilizadas por las fuerzas enemigas, permitiendo a los líderes militares desarrollar contramedidas eficaces. Por ejemplo, ChatGPT puede analizar datos sobre los movimientos de las tropas enemigas e identificar posibles vulnerabilidades en sus formaciones, permitiendo a los planificadores militares desarrollar ataques selectivos.

Además de su capacidad para analizar datos históricos, ChatGPT puede procesar datos en tiempo real de diversas fuentes, como imágenes por satélite, imágenes de drones y redes sociales. Estos datos en tiempo real pueden proporcionar a los líderes militares información valiosa sobre los movimientos y actividades del enemigo, permitiéndoles ajustar sus estrategias y tácticas en consecuencia.

Por otra parte, ChatGPT puede ayudar a desarrollar sistemas armamentísticos autónomos capaces de analizar datos en tiempo real y tomar decisiones basadas en esos datos. Esto podría reducir la necesidad de intervención humana en situaciones de combate, lo que conduciría a una fuerza militar más eficiente y eficaz.

Asimismo, las avanzadas capacidades de procesamiento del lenguaje natural de ChatGPT han llevado al desarrollo de sofisticados chatbots y asistentes virtuales (como se ha comentado anteriormente) que pueden proporcionar actualizaciones y recomendaciones en tiempo real a los soldados sobre el terreno. Estos asistentes potenciados por IA pueden ayudar a los soldados a tomar decisiones más informadas y a adelantarse al enemigo, salvando potencialmente vidas.

Sin embargo, como ocurre con cualquier otra tecnología, existen preocupaciones éticas en torno al uso de ChatGPT en la guerra. Por ejemplo, el uso de armas impulsadas por IA plantea cuestiones sobre el papel de la supervisión humana y el potencial de la toma de decisiones autónoma. El uso de mensajes lingüísticos generados por ChatGPT con fines de guerra psicológica y propaganda, también es motivo de creciente preocupación.

A pesar de estas preocupaciones, la integración de ChatGPT en la guerra moderna ya está en marcha, y el potencial de esta tecnología es enorme. Con su capacidad para analizar grandes volúmenes de datos en tiempo real, los líderes militares pueden tomar decisiones más informadas, salvando potencialmente vidas y minimizando el impacto del conflicto en la población civil.

La IA ha tenido un impacto significativo en la guerra moderna, desde su capacidad para procesar y analizar grandes cantidades de datos hasta el desarrollo de chatbots avanzados y asistentes virtuales. Aunque existen preocupaciones éticas en torno al uso de la IA en el ámbito militar, el potencial de esta tecnología es enorme, y seguirá configurando el futuro de la guerra y la estrategia militar.

CAPÍTULO 18

El futuro de la IA y su impacto en el empleo a nivel mundial

La Inteligencia Artificial (IA) y ChatGPT han cambiado el mundo tal y como lo conocíamos, y el futuro de estas tecnologías está destinado a repercutir en el mercado laboral a escala mundial. En este capítulo, exploraremos el impacto potencial de la IA y ChatGPT en puestos de trabajo, industrias y sectores de todo el mundo. También examinaremos las implicaciones éticas de estas nuevas tecnologías y lo que significan para el futuro del trabajo.

Automatización y pérdida de puestos de trabajo

El impacto de la IA y ChatGPT en el mercado laboral ha significado un tema de gran preocupación y debate. La automatización, introducida por máquinas impulsadas por IA, es una de las formas más significativas en que la tecnología ha afectado al empleo. A medida que las máquinas se vuelven más avanzadas, pueden realizar tareas que antes realizaban los humanos, provocando la pérdida de puestos de trabajo en algunos sectores. Por ejemplo, en la industria manufacturera, las máquinas pueden realizar tareas repetitivas con mayor eficacia y precisión, lo que ha provocado la pérdida de puestos de trabajo en el sector.

Sin embargo, el impacto de la automatización en el mercado laboral no es totalmente negativo. Algunos puestos de trabajo pueden quedar obsoletos, pero surgirán nuevas funciones centradas en la gestión y el mantenimiento de estas máquinas y en el desarrollo de nuevas tecnologías de IA. Esto significa que los trabajadores deberán adaptar sus capacidades para satisfacer las demandas de un mercado laboral en pleno cambio. También hay que tener en cuenta que la automatización de tareas específicas puede aumentar la productividad y la eficacia, con el consiguiente ahorro de costos y crecimiento económico.

Es importante señalar que no todos los empleos son igualmente susceptibles de automatización. Los empleos que requieren intuición humana, creatividad y empatía tienen menos probabilidades de ser automatizados. Por ejemplo, las profesiones relacionadas al ámbito de la salud, la educación y las artes tienen menos probabilidades de verse afectadas por la automatización. Sin embargo, incluso en estas industrias, la IA y ChatGPT pueden utilizarse para aumentar y mejorar la calidad del trabajo. Por ejemplo, la IA puede ayudar a los profesionales de la salud a realizar diagnósticos más precisos y personalizar los tratamientos, mejorando en última instancia los resultados de los pacientes.

Industrias y puestos de trabajo emergentes

La IA y ChatGPT están impulsando la aparición de industrias y funciones laborales totalmente nuevas. Con la creciente integración de las tecnologías impulsadas por la IA en nuestra vida cotidiana, está aumentando la demanda de trabajadores calificados en análisis de datos, aprendizaje automático y procesamiento del lenguaje natural. A medida que evolucionen estas tecnologías, surgirán nuevas oportunidades para quienes posean las habilidades necesarias para desarrollarlas y mantenerlas.

Además de crear nuevos puestos de trabajo en la industria tecnológica, las tecnologías de IA también están revolucionando nuestro trabajo. La pandemia global ha acelerado la adopción del trabajo remoto, y las herramientas impulsadas por la IA permiten a las personas trabajar desde cualquier lugar. Esto ha abierto nuevas oportunidades para la gente de las zonas rurales, donde las oportunidades de trabajo tradicionales pueden ser limitadas. El trabajo remoto también proporciona mayor flexibilidad y equilibrio entre la vida laboral y personal, lo que puede ser especialmente beneficioso para los padres que trabajan y las personas con discapacidad.

Además, a medida que las tecnologías de IA se van integrando en los diversos sectores, crean nuevos puestos de trabajo que antes no existían. Por ejemplo, el sector de la salud está experimentando un aumento de la demanda de analistas de datos médicos que puedan utilizar la IA para extraer información de los datos de los pacientes. Del mismo modo, el sector minorista utiliza la IA para optimizar la gestión de inventarios y mejorar la experiencia del cliente, creando nuevas funciones para analistas de datos y expertos en aprendizaje automático.

Sin embargo, la aparición de estas nuevas industrias y roles laborales también significa que los trabajadores deben adaptarse y adquirir nuevas habilidades para seguir siendo competitivos en el mercado laboral. Las tecnologías impulsadas por la IA pueden sustituir a los empleos tradicionales, pero los nuevos empleos requieren conjuntos de aptitudes diferentes. Esto significa que los trabajadores deben ser proactivos a la hora de aprender nuevas habilidades y mejorar continuamente sus conocimientos y experiencia.

Impactos específicos de la industria

El impacto de la IA y ChatGPT en el mercado laboral no será igual en todas las industrias y regiones. Mientras que algunos sectores pueden ver un aumento de la demanda de trabajadores calificados, otros pueden experimentar pérdidas de puestos de trabajo debido a la automatización. Por ejemplo, el sector de los servicios financieros ya ha experimentado cambios significativos debido a la IA y ChatGPT, con el auge de los roboasesores (asesores automatizados) y el trading algorítmico.

En cambio, se espera que industrias como la de la salud y la educación vean aumentar la demanda de trabajadores calificados a medida que las tecnologías de IA se integren en estos sectores. Por ejemplo, las herramientas de diagnóstico médico impulsadas por IA pueden ayudar a los médicos a realizar diagnósticos más precisos, mientras que los chatbots impulsados por IA pueden proporcionar tutorías personalizadas a los estudiantes.

Implicaciones éticas

A medida que las máquinas se vuelven más avanzadas, pueden ser capaces de realizar tareas que antes se consideraban mano de obra calificada. Esto plantea cuestiones sobre el valor del trabajo humano y el potencial de desplazamiento de puestos de trabajo a gran escala. Es esencial considerar las implicaciones éticas de estas nuevas tecnologías y trabajar para crear un futuro más equitativo y accesible para todos.

Además, preocupa el sesgo en los procesos de contratación impulsados por la IA. Las tecnologías de IA pueden ayudar a eliminar la discriminación en el proceso de contratación eliminando las tendencias humanas, pero también pueden perpetuar los prejuicios existentes si no se desarrollan y prueban correctamente. Garantizar que estas tecnologías se desarrollen y utilicen de forma responsable es esencial para proporcionar un mercado laboral justo e imparcial.

La inteligencia artificial cambiará sin duda el mercado laboral de formas que no podemos imaginar. Aunque la automatización puede provocar la pérdida de puestos de trabajo en algunas industrias, también creará nuevas oportunidades para los trabajadores calificados en otras. Mientras los trabajadores se adaptan a las exigencias del cambiante mercado laboral, es esencial considerar las implicaciones éticas de estas nuevas tecnologías y trabajar para crear un futuro más equitativo y accesible para todos. El futuro es incierto, pero una cosa está clara: la IA y ChatGPT darán forma al mercado laboral durante muchos años.

Capítulo 19

El uso de ChatGPT en la terapia de salud mental

La terapia de salud mental puede ser una experiencia desalentadora y costosa. Con largas listas de espera y una disponibilidad limitada, no es de extrañar que muchas personas no busquen la ayuda que necesitan. Pero, ¿y si hubiera una forma de acceder a la terapia que fuera cómoda, accesible y anónima? Aquí es donde entra ChatGPT, el modelo lingüístico impulsado por IA que está revolucionando nuestra forma de abordar la terapia de salud mental.

ChatGPT se utiliza en diversas aplicaciones, desde la atención al cliente hasta la ayuda en la escritura, pero su aplicación en la terapia de salud mental es especialmente destacable. Los terapeutas virtuales que utilizan ChatGPT pueden ahora ofrecer sesiones de terapia basadas en texto a personas que buscan apoyo y orientación para gestionar su salud mental y su bienestar.

El anonimato que proporcionan las sesiones de terapia basadas en texto de ChatGPT es una de las ventajas más significativas. Para las personas que pueden sentirse reacias a buscar ayuda debido al estigma que rodea a los problemas de salud mental, la terapia basada en texto puede proporcionar un espacio seguro y libre de juicios para expresarse y trabajar sus emociones. Sin necesidad de viajar ni de sentarse en una sala de espera, las sesiones de terapia virtual de ChatGPT ofrecen una accesibilidad y comodidad sin precedentes.

Además, las capacidades de procesamiento del lenguaje natural de ChatGPT le permiten proporcionar apoyo personalizado adaptado a las necesidades y preferencias individuales. Los terapeutas virtuales de ChatGPT pueden analizar las respuestas de texto y ofrecer retroalimentación adecuada y personalizada que podría ser más eficaz que una respuesta guionada de un terapeuta humano.

Es esencial tener en cuenta que ChatGPT no sustituye a la terapia en persona. En cambio, puede ser un excelente complemento del tratamiento tradicional o una alternativa para las personas que no pueden acceder a la terapia tradicional debido al costo o a la falta de disponibilidad. Sin embargo, algunos expertos creen que la terapia basada en texto puede ser especialmente útil para personas con trastornos específicos, como la ansiedad social, ya que les permite expresarse libremente y superar las barreras que les impiden buscar ayuda.

Si bien el uso de ChatGPT en la terapia de salud mental está aún en sus primeras fases, la investigación preliminar ha mostrado resultados prometedores. Un estudio publicado en el Journal of Medical Internet Research descubrió que las personas que recibían terapia basada en texto informaban de mejoras significativas en sus síntomas de salud mental, incluida la reducción de la ansiedad y la depresión.

Sin embargo, existen preocupaciones en torno al uso del ChatGPT en la terapia de salud mental. Uno de los problemas es el riesgo de depender demasiado de la tecnología y no recibir la conexión humana que suele ser crucial en la terapia. Es esencial garantizar que las personas reciban el apoyo y la orientación adecuados y que los terapeutas virtuales que utiliza ChatGPT no se utilicen como sustitutos de la interacción humana.

Otro posible problema es la limitación de la comunicación basada en texto. A algunas personas les puede resultar difícil expresarse plenamente mediante conversaciones basadas en texto, lo que podría limitar la eficacia de la terapia. Sin embargo, esto puede superarse utilizando llamadas de voz o video, que permiten una comunicación más expresiva.

El uso de ChatGPT en la terapia de salud mental es muy prometedor para hacer que la terapia sea más accesible, asequible y cómoda para las personas de todo el mundo. Con sus capacidades de procesamiento del lenguaje natural y su retroalimentación personalizada, ChatGPT está a punto de convertirse en una herramienta esencial en el conjunto de herramientas de la salud mental. Aunque el uso de la tecnología en la terapia no está exento de dificultades, es emocionante ver cómo ChatGPT y otras herramientas impulsadas por la IA seguirán transformando el panorama de la salud mental.

CAPÍTULO 20

Maximiza tu experiencia ChatGPT

Ahora que conoces las ventajas de utilizar ChatGPT, es el momento de aprender a maximizar tu experiencia y sacar el máximo partido a esta fantástica herramienta. Aquí tienes algunos consejos que te ayudarán a sacar el máximo partido de tus conversaciones con ChatGPT:

1. Sé específico con tus peticiones: Cuanto más específico seas con tu petición o pregunta, más precisa y útil será la respuesta de ChatGPT. En lugar de hacer una pregunta general, intenta ser lo más específico posible. Por ejemplo, en lugar de preguntar: "¿Cómo puedo ser más feliz?". Intenta preguntar: "¿Qué estrategias puedo utilizar para mejorar mi estado de ánimo a diario?".

2. Proporciona contexto: ChatGPT funciona mejor cuando comprende claramente tu situación y tus necesidades. Proporcionar contexto sobre tu posición actual o tus emociones puede ayudar a ChatGPT a adaptar sus respuestas a tus necesidades.

3. Utiliza preguntas abiertas: En lugar de hacer preguntas que requieran una respuesta de sí o no, intenta hacer preguntas abiertas que fomenten una respuesta más profunda. Esto te ayudará a obtener más información de ChatGPT.

4. Experimenta con diferentes prompts: ChatGPT responde a una variedad de prompts y puede ofrecer distintos tipos de ayuda, desde mensajes motivacionales hasta consejos prácticos. Experimenta con distintos prompts y comprueba cuáles te funcionan mejor.
5. Practica la escucha activa: Al igual que en una conversación tradicional, la escucha activa es esencial al comunicarte con ChatGPT. Tómate tu tiempo para leer y reflexionar sobre las respuestas de ChatGPT, e intenta participar en la conversación de forma reflexiva y significativa.

También es importante recordar que ChatGPT no sustituye a la terapia profesional ni al consejo médico. Si estás luchando con un problema de salud mental, es esencial que busques el apoyo de un terapeuta autorizado o de un profesional de la salud.

Además de estos consejos, debes saber algunas cosas más sobre ChatGPT para aprovechar al máximo tu experiencia. En primer lugar, ChatGPT aprende y mejora constantemente basándose en las interacciones de los usuarios. Esto significa que cuanto más utilices ChatGPT, más precisas y personalizadas serán sus respuestas.

En segundo lugar, ChatGPT funciona con tecnología avanzada de procesamiento del lenguaje natural, lo que significa que puede entender e interpretar el lenguaje humano de forma similar a como se comunican los seres humanos. Esto también significa que ChatGPT puede captar matices en el lenguaje y las emociones, lo que lo convierte en una herramienta eficaz de apoyo y orientación emocional.

Por último, es importante recordar que ChatGPT es una herramienta, no un sustituto de la conexión e interacción humanas. Aunque puede ser una valiosa fuente de apoyo y orientación, sigue siendo esencial buscar la ayuda de amigos, familiares y profesionales de la salud cuando se trata de problemas de salud mental o física.

Al seguir estos consejos y comprender las capacidades y limitaciones de ChatGPT, podrás maximizar tu experiencia y sacar el máximo partido a esta innovadora herramienta. Con ChatGPT, puedes acceder a un apoyo personalizado y cómodo para ayudarte a mejorar tu salud mental y tu bienestar.

CAPÍTULO 21

Utilizar ChatGPT para el crecimiento y el desarrollo personal

ChatGPT no es sólo una herramienta de apoyo emocional; también puede ser un valioso recurso para el crecimiento y el desarrollo personal. Con su capacidad para comprender e interpretar el lenguaje humano, ChatGPT puede proporcionar a los usuarios indicaciones y ejercicios que les ayuden a desarrollar la autoconciencia, fijarse objetivos y cultivar una mentalidad de crecimiento.

Una técnica que ChatGPT puede ofrecer para el crecimiento y el desarrollo personal es la identificación de las fortalezas personales. Haciendo preguntas abiertas e incitando a los usuarios a reflexionar sobre sus experiencias pasadas, ChatGPT puede ayudarles a identificar sus fortalezas y talentos únicos. Por ejemplo, ChatGPT puede pedir a los usuarios que describan una ocasión en la que se sintieron seguros y capaces, y luego pedirles que identifiquen las habilidades y rasgos que contribuyeron a esa experiencia. Los usuarios pueden aumentar la confianza en sí mismos y la resiliencia centrándose en sus fortalezas, que son esenciales para el crecimiento y el desarrollo personal.

Otra técnica que puede ofrecer ChatGPT es el desarrollo de la autoconciencia. ChatGPT puede ayudar a los usuarios a ser más conscientes de sus patrones y tendencias haciéndoles preguntas sobre sus pensamientos, sentimientos y comportamientos. Por ejemplo, ChatGPT puede pedir a los usuarios que describan su proceso de pensamiento durante una experiencia desafiante reciente y luego pedirles que reflexionen sobre si sus pensamientos fueron útiles o perjudiciales. Al desarrollar la autoconciencia, los usuarios pueden aprender a reconocer sus desencadenantes y desarrollar estrategias de afrontamiento más eficaces.

ChatGPT también puede ser una valiosa herramienta para establecer y alcanzar objetivos. Al pedir a los usuarios que identifiquen sus objetivos y luego desglosarlos en pasos más pequeños y factibles, ChatGPT puede ayudar a los usuarios a mantenerse enfocados y motivados. Por ejemplo, ChatGPT puede pedir a un usuario que identifique un objetivo a largo plazo, como correr un maratón, y luego pedirle que identifique objetivos más pequeños y alcanzables que le ayuden a trabajar para conseguir ese objetivo, como correr una determinada distancia cada semana. Los usuarios pueden desarrollar una sensación de logro y tomar impulso hacia sus aspiraciones más grandes, estableciendo y alcanzando objetivos.

Además de estas técnicas, ChatGPT puede utilizarse con otras herramientas de crecimiento y desarrollo personal. Por ejemplo, los usuarios pueden combinar las conversaciones de ChatGPT con un diario o con prácticas de atención plena para profundizar en su autoconocimiento y aumentar su resiliencia. Asimismo, los usuarios podrían utilizar ChatGPT para establecer y seguir objetivos dentro de una aplicación de fijación de objetivos, creando un sistema integral de crecimiento y desarrollo personal.

Es importante recordar que, aunque ChatGPT puede ser una herramienta valiosa para el crecimiento y el desarrollo personal, no sustituye a la terapia profesional ni al consejo médico. Si te enfrentas a un problema de salud mental o buscas un crecimiento personal significativo, es esencial que busques el apoyo de un terapeuta licenciado o de un profesional de la salud.

Aquí tienes cinco formas en las que ChatGPT podría ayudarte en tu crecimiento y desarrollo personal:

1) Establecimiento de objetivos personalizados: ChatGPT puede ayudarte a establecer objetivos personalizados que se ajusten a tus intereses, fortalezas y debilidades. Entablando una conversación con ChatGPT, puedes expresar tus aspiraciones y recibir sugerencias sobre cómo alcanzarlas. También puedes utilizar ChatGPT para hacer un seguimiento de tus progresos y recibir motivación y ánimos para seguir por el buen camino.

2) Desarrollo de habilidades: ChatGPT puede ayudarte a desarrollar nuevas habilidades o a mejorar las existentes. Conversando con ChatGPT sobre una habilidad específica, puedes recibir consejos y recursos para mejorar tus habilidades. Además, ChatGPT puede ayudarte a identificar áreas de mejora y proporcionarte retroalimentación para ayudarte a crecer y desarrollarte.

3) Toma de decisiones: ChatGPT tiene la capacidad de ayudarte a tomar decisiones con conocimiento de causa,

proporcionándote ideas e información sobre un tema específico. Tanto si estás decidiendo acerca de tu trayectoria profesional como si estás tomando una decisión personal, ChatGPT puede ayudarte a explorar opciones, sopesar pros y contras y llegar a una decisión bien informada.

4) Atención plena y bienestar: ChatGPT también puede servir como herramienta de atención plena, ayudándote a reflexionar sobre tus pensamientos y sentimientos. Puedes explorar tus emociones, pensamientos y creencias, y obtener información sobre cómo influyen en tus acciones y decisiones. Además, ChatGPT puede ofrecerte sugerencias personalizadas para ayudarte a lograr tu bienestar, como consejos para controlar el estrés o mejorar el sueño.

5) Crecimiento personal y reflexión: También puede ayudarte a reflexionar sobre tu camino de crecimiento personal brindándote indicaciones y ejercicios para explorar distintas experiencias y creencias. Al mantener una conversación con ChatGPT, puedes obtener claridad sobre tus fortalezas, tus debilidades y posibles áreas de crecimiento. ChatGPT también puede servirte como fuente de inspiración, proporcionándote citas e historias para motivarte y animarte en tu viaje de crecimiento personal.

Los usuarios de ChatGPT pueden desarrollar la autoconciencia, establecer y alcanzar objetivos, y cultivar una mentalidad de crecimiento. ChatGPT puede ser un poderoso recurso para quienes buscan alcanzar todo su potencial al combinarse con otras herramientas de crecimiento y desarrollo personal. Al incorporar ChatGPT a tu plan de crecimiento y desarrollo personal, puedes crear un sistema integral de superación y transformación personal

CONCLUSIÓN

La adopción de la IA y ChatGPT

Al concluir este libro, podemos ver que la IA y ChatGPT se están convirtiendo rápidamente en partes integrales de nuestra vida cotidiana. Desde nuestros teléfonos inteligentes hasta nuestros hogares, la IA está presente en todas partes. Si bien este nivel de integración pueda parecer abrumador, o incluso aterrador, es esencial reconocer su potencial y ser conscientes de sus limitaciones y riesgos.

La IA es imperfecta, y no podemos confiar en ella para todo. Las máquinas no pueden sustituir a la conexión e interacción humana, que son esenciales para nuestra vida en sociedad. Sin embargo, la IA puede ayudarnos de varias formas, y deberíamos aprovechar su potencial para revolucionar nuestra forma de vivir, trabajar y aprender.

Una de las ventajas más significativas de la IA es su capacidad para procesar grandes cantidades de datos con rapidez y precisión. Esta capacidad nos permite tomar decisiones informadas y resolver problemas complejos que podrían estar más allá de la capacidad de los seres humanos por sí solos. Por ejemplo, la IA puede ayudar a los médicos a diagnosticar enfermedades con mayor precisión, a los profesores a personalizar su enseñanza y a las empresas a identificar tendencias y predecir resultados futuros.

ChatGPT, en particular, tiene el potencial de cambiar la forma en que nos comunicamos entre nosotros. Puede ayudar a las personas a superar las barreras lingüísticas, proporcionar apoyo en salud mental e incluso ayudar al crecimiento y desarrollo personal. ChatGPT puede proporcionar apoyo y orientación personalizados, pero es importante recordar que es sólo una herramienta. No puede sustituir a la interacción humana y a la empatía, y es crucial buscar el apoyo de amigos, familiares y profesionales de la salud al enfrentar problemas de salud mental.

Si bien la IA tiene el potencial de revolucionar varios aspectos de nuestras vidas, también debemos ser conscientes de sus limitaciones y riesgos. Como hemos expuesto en este libro, la IA puede estar sesgada y perpetuar la discriminación sistémica. Debemos trabajar para garantizar que la IA se utilice de forma ética, transparente y beneficiosa para la sociedad en su conjunto.

Para concluir, ChatGPT y otras formas de IA no van a desaparecer, y tienen el potencial de provocar cambios positivos significativos en nuestras vidas. En lugar de temer o resistirnos a la IA, deberíamos abrazarla y trabajar para aprovechar todo su potencial. Al hacerlo podemos crear un futuro más brillante y próspero para nosotros y las generaciones futuras. La IA puede ayudarnos a alcanzar nuestros objetivos y facilitarnos la vida, pero también debemos recordar que somos responsables de utilizarla en beneficio de la sociedad en su conjunto. Si bien este libro pretende introducir a los principiantes en el potencial de

ChatGPT, espero que cada una de las personas que lo lean, independientemente de su experiencia con ChatGPT, hayan aprendido algo. El futuro de posibilidades con ChatGPT es infinito, y juntos podemos dominarlo para crear el mundo de nuestros sueños.

Ofrécele a otros entusiastas de ChatGPT la tranquilidad de saber lo increíble y útil que es la IA.

Con este libro has perfeccionado conocimientos cruciales, como el uso eficaz de la ingeniería de prompts, las múltiples formas de utilizar ChatGPT, el futuro de la Inteligencia Artificial y mucho más.

Simplemente dejando tu opinión sincera sobre este libro, mostrarás a otros fanáticos de ChatGPT una gran cantidad de habilidades prácticas que les permitirán sentirse más seguros al utilizar la inteligencia artificial.

Puedes animar a otras personas a descubrir las increíbles funciones del revolucionario ChatGPT. ¡Gracias por tu ayuda!

www.ingramcontent.com/pod-product-compliance
Lightning Source LLC
LaVergne TN
LVHW010813051026
849532LV00007B/2527